Tokio

Emily Itami

Colección ¡Buen viaje!, 1

Publicado originalmente en Francia por L'arbre qui marche
bajo el título de *Tokyo*

Primera edición: junio, 2025

Publicado por La Línea del Horizonte Ediciones
C/ Mesón de Paredes, 73, 28012 (Madrid, España)
www.lalineadelhorizonte.com | info@lalineadelhorizonte.com

Coordinación editorial: Miguel S. Salas
Corrección: Luis Porras Vila
Diseño gráfico y de cubierta: Sébastien Jenger – Primo&Primo
Diseño de interiores: Nord Compo
Ilustración de cubierta: *Edificio Ni-Ban-Kahn de Minoru Takeyama, Shinjuku,* Sébastien Jenger – Primo&Primo
Retrato del autor: Iris Hatzfeld
Infografía: Lætitia Perotin – Primo&Primo
Diseño de mapas: Nicolas Jan
Adaptación al español: La Línea del Horizonte Ediciones

ISBN: 978-84-129013-6-8 | Thema: WTL, 1FPJ-JP-CF
Depósito legal: M-13452-2025
Imprime: Estugraf | Impreso en España
Este libro ha sido impreso en papel ecológico, cuya materia prima proviene de una gestión forestal sostenible.

¡BUEN VIAJE!

Tokio

Emily Itami

Traducción de Amelia Pérez de Villar

LA LÍNEA DEL HORIZONTE
ediciones

Lunes, 5 de marzo, Tokio, 22:14 horas
De: ikemototsubasa@cybermail.jp Para: annabanana@gmail.com

Estimada Sra. Haseda:

No sé si me recuerda. Soy Tsubasa Ikemoto. Fuimos juntos a la guardería infantil de Ai-port, en Nishi Ogikubo, cuando éramos pequeños. Le ruego disculpe esta intrusión, así como el hecho de dirigirme a usted por ese nombre si ya no es Haseda.

Ayer estaba subiendo por la escalera mecánica de la estación de metro de Roppongi, por la salida que da a Roppongi Hills pasando el patio con forma de cilindro, y me pareció verla, bajando por la otra escalera. ¿Es posible que fuera usted?

En circunstancias normales no lo consideraría muy probable, pero había algo en la forma en que aquella persona sostenía el libro que llevaba, en el modo en que miraba a su alrededor, como si tratara de atrapar cuanto la rodeaba, que me recordó a usted. Llevaba un vestido amarillo.

Espero que la vida en Londres le sea grata y que siga usted disfrutando de La Gran Ciudad del Humo.

Atentamente,
Ikemoto Tsubasa

Miércoles, 7 de marzo, Londres, 08:33 horas
De: annabanana@gmail.com Para: ikemototsubasa@cybermail.jp

¡CLARO que te recuerdo, Tsubasa! ¡Ni que tuviera memoria de PEZ!

¡Qué alegría saber de ti! ¡¡Era yo!! Estuve en Tokio por trabajo, apenas cuarenta y ocho horas... Inaceptable desde el punto de vista ecológico, aunque tengo una disculpa: iba a Londres, de regreso de Sídney. Tu correo me llegó anoche, cuando me estaba quedando dormida esperando junto a la cinta a que saliera mi maleta. Me puse MUY contenta: quise responder enseguida, pero mi maleta explotó en el trayecto y todas mis bragas se quedaron desperdigadas por la cinta: tuve que hacerme cargo de la situación. Esta ha sido la primera vez que regreso a Japón en más de veinte años. ¿¿Cómo hemos podido hacernos tan viejos??

¿Por qué no iba a seguir llamándome Haseda? ¿Crees, acaso, que podría haberme *casado*? ¡Ja, ja, ja, Tsubasa! Tú siempre haciéndome reír.

La Gran Ciudad es fantástica, pero paso MUCHO tiempo viajando por trabajo. Al menos por ahora. Muy divertido, pero también un poco desconcertante, ¿no te parece?

Y tú, ¿¿cómo estás??

Anna

Miércoles, 7 de marzo, Tokio, 23:40 horas
De: ikemototsubasa@cybermail.jp Para: annabanana@gmail.com

Estimada Sra. Haseda:

Ha sido estupendo tener noticias suyas. Debo decir que tenía usted el mismo aspecto que la última vez que la vi. No está bien que parezca usted una quinceañera y se queje de que somos viejos. Menuda experiencia ha tenido que ser regresar después de tantos años... ¿Ha reconocido algo? Imagino que cuando éramos pequeños no pasábamos mucho tiempo en los barrios empresariales de lujo.

En respuesta a su pregunta, actualmente trabajo en el departamento de logística de una empresa japonesa de construcción especializada en tecnología de seguridad sísmica (también llamada construcción a prueba de terremotos). Dicho brevemente, mi trabajo es evitar que las cosas tiemblen. Creo que la mayoría de la gente sueña con hacer que las cosas tiemblen de emoción, y no con amortiguar el temblor. Su trabajo tiene pinta de ser muy interesante. ¿A qué se dedica?

Atentamente,
Tsubasa

P. S.: Creo que no estuvo bien, por mi parte, llamar a Londres la Gran Ciudad del Humo. No sé por qué lo hice. También me doy cuenta ahora de que decir eso de hacer que «las cosas tiemblen de emoción» es un chiste muy malo.

Jueves, 8 de marzo, Londres, 22:23 horas
De: annabanana@gmail.com Para: ikemototsubasa@cybermail.jp

¡No es un chiste malo en absoluto! Además, ¿no es tu trabajo, objetivamente, la tarea más importante a la que podrías dedicarte en un lugar proclive a los terremotos, como es Tokio? Siempre supe que llegarías lejos, Tsubasa.

La verdad es que ha sido muy raro regresar. Por favor, corrígeme si me equivoco (algo altamente probable), pero en mi cabeza yo hablaba un japonés perfecto. ¡Y cómo va a ser eso cierto, si ahora tengo la impresión de que no recuerdo una sola palabra! Es más: yo recordaba Tokio como un lugar encantador, con edificios de poca altura y lleno de tiendecitas de ultramarinos y de pescaderías donde los niños jugaban en la calle. Pero esta vez lo único que he visto han sido edificios muy altos hasta donde me alcanzaba la vista, tanto cuando iba por la calle como desde la ventana de mi habitación del hotel, o desde el mirador de la torre que hay en lo alto de Roppongi Hills (que es increíble… ¿Has estado allí?). Es alucinante cómo se ha extendido Tokio. ¡Se ha convertido en algo tan flis-flis! Es como estar dentro de un huevo de oro.

Y, luego, cuando sale uno de noche… Empezamos en Akasaka, justo al salir del hotel. Las aceras estaban atestadas y bullían de gente, como los pasillos de un colegio a las tres y media de la tarde. El recuerdo del colegio se volvió más fuerte al contemplar a toda esa gente… el 99 % iba con traje. Fuimos a un bar donde todo el mundo estaba de pie, en torno a grandes barriles, bebiendo cerveza y comiendo gyozas y edamame. (Quizá mi punto de vista esté algo sesgado, pero ¿verdad que el picoteo que sirven en los bares japoneses es el mejor del mundo? Salado y exquisito, pensado para que uno quiera beber más y, sin embargo, utilizan verduras en su preparación. ¿Dónde se ha visto eso?). Después uno de los chicos que trabaja en la oficina de Tokio nos llevó a un *izakaya* (no sé si lo he escrito bien... Eso que es como un bar de tapas japonés...) localizado en un sótano; había que bajar unos escaloncitos muy empinados donde estuvimos a punto de darnos la vuelta por el ruido que salía de allí: gente gritando ¡¡¡IRASSHAIMASE!!!, con tal potencia que se les hinchaba el cuello. ¿Recuerdas cómo gritábamos nosotros cuando jugábamos a los restaurantes? Decíamos ¡¡BIENVENIDOS!!, como si fuera una amenaza. Nos metieron con calzador en una mesa baja y nos sentamos en el suelo, envueltos en la cálida niebla del humo y el olor de la cocina y el sonido de los comensales que se reían a carcajadas, y me di cuenta de que es una locura que Akasaka esté tan concurrida por debajo de la acera como sobre ella. Después de atiborrarnos con el atún apenas marcado y unas bolas de arroz onigiri a la parrilla con ciruelas agrias umeboshi y un karaage de pollo crujiente (vale, de acuerdo, no todo lleva verduras, pero yo tomé luego unas espinacas con aliño de sésamo, para equilibrar un poco), el tipo de la oficina de Tokio se fue a su casa y allí nos quedamos, a nuestro aire. Lo que explica que termináramos otra vez en Roppongi, llevados por la atracción incontrolable de los neones y las multitudes que, supongo, si juzgamos por el ambiente, que es punto de encuentro de turistas y estudiantes, ¿no? Está lleno de vendedores callejeros y pubs irlandeses con lámparas de cristales... Un cambio total si se compara con el ambiente sobrio y adinerado de Roppongi Hills por el día. Y creo que se celebraba un baile de disfraces en algún sitio, porque la gente iba en masa, ataviada con disfraces impresionantes (algunos que nunca se me hubieran pasado por la cabeza, como el de una señora que iba vestida de Frappuccino; y el traje le quedaba de vicio: un Frappuccino muy sexi), de bar en bar. Nosotros acabamos en un club que había en una calle con más luz de la que hay en Londres a medio día en esta época del año. Uno se puso a bailar en la puerta y de pronto todos empezaron a imitarle, como si fuera una clase de aeróbicos gigantesca a las dos de la mañana. Y te digo una cosa: siempre supe que yo era superficial, pero no cuánto; no podía dejar de observar a las chicas japonesas, no paraba de ir a los aseos a mirarlas. Llevan un arsenal de cepillitos y palillitos, y hasta unos hilos especiales para duplicarse las pestañas (¿¿cómo??). Y he de confesar que no es que las observara sutilmente, no: me di cuenta de que llevan incluso unas lentes de contacto para que el iris del ojo parezca más grande. Si te digo la verdad, fue un alivio inmenso saber qué esfuerzo tan grande y tan meticuloso hay que invertir en tener un aspecto siempre *impecable*. Eran las cuatro de la mañana y nosotros debíamos parecer zombis, supongo. Sin embargo, estas chicas tenían un aspecto tan animoso como al principio de la noche. Yo flipo.

Cuando volvía al hotel, me llamó la atención una tienda enorme en la que sonaban cuatro bandas sonoras diferentes (las conté), con acuarios iluminados con neones y ocho veces más productos de los que tiene cualquier tienda de las que yo haya visto en mi vida. Y ahí me acordé de que no había comprado regalos para llevar a nadie al volver a casa, así que ya casi al amanecer compré mascarillas de arroz para la cara y láminas relajantes para pies, y una gofrera con la silueta del conejito de My Melody (porque es un utensilio útil y necesario), en unos grandes almacenes donde no había nadie más que yo, plantas enteras vacías, pero la música seguía sonando a toda pastilla, como en un sueño raro.

La guinda de toda esta experiencia fue caminar por Roppongi de nuevo, a la mañana siguiente, y volver a ver a todos esos tíos de traje muertos en la acera. Junto a uno de ellos alguien había colocado primorosamente su móvil y su cartera, que se le debieron caer, y dos botellas de agua, como una ofrenda para espantar la resaca.

Es probable que no necesitaras una descripción tan detallada de mi velada en la ciudad donde tú vives, pero ya ves… Qué regalo tan raro te hago. Si no hubiera utilizado la gofrera esta mañana, me estaría preguntando si aquella experiencia de ir de compras no habría sido una alucinación provocada por la mezcla del alcohol y el *jet lag*. ¿De verdad es una actividad habitual ir de compras en Tokio a las 5 de la madrugada?

“¿De verdad es una actividad habitual ir de compras en Tokio a las 5 de la madrugada?”

Ah, otra cuestión: ¡¡deja de llamarme Sra. Haseda!! ¿Me escribes desde el trabajo? ¿Por eso empleas tantas formalidades? Si es así, te diré que has dejado algunas pistas que me llevan a pensar que no estás escribiendo una comunicación corporativa interna.

Anna

P. S.: Yo trabajo en el departamento de compras de un emporio de moda y estilo de vida con tiendas en los lugares más sofisticados de Europa con un componente *online* decisivo. Básicamente, soy una compradora con cierto criterio y mucho presupuesto: está claro que es lo que mejor me cuadraba.

P. P. S.: ¿Eso de que parezco una quinceañera era un cumplido, pillín? A lo mejor no, porque ¿por qué querría parecer una quinceañera cuando no tiene nada de malo parecer casi una treintañera? Pero si era un cumplido te lo agradezco, Tsubasa. Menudo elemento estás hecho.

Viernes, 9 de marzo, Tokio, 23:14 horas
De: ikemototsubasa@cybermail.jp Para: annabanana@gmail.com

Estimada Anna:

Gracias por tu correo. Disfruté mucho leyéndolo. No te escribo desde el trabajo, ya que eso me haría parecer demasiado interesado. Dejaré de llamarte señora Haseda.

Lo siento mucho: es verdad que mi inglés es muy formal. En el colegio no era muy bueno en esta materia y han pasado ya muchos años desde la universidad, donde escogí alguna asignatura relacionada con ese idioma. Llevo tiempo intentando reanudar mis clases de conversación, pero últimamente he tenido mucho trabajo. Haré un esfuerzo por escribir con un estilo más coloquial. ¡Tendrás que disculpar los errores que cometa!

Creo que has caído bajo el influjo de Don Quijote. Don Quijote es el nombre de unos grandes almacenes que hay por todo Tokio y que están abiertos 24 horas, así que imagino que sí, ir de compras a las 5 de la madrugada es normal... Mucho me temo que el *marketing* es muy agresivo, como tú misma has visto. Hace tiempo compré una bicicleta eléctrica en un Donqui a las 5 de la madrugada de un sábado, porque iba a hacer una excursión al lago Tama con unos compañeros y no encontré otro momento para hacerlo. Así que el Donqui puede resultar muy útil y en mi opinión ir allí de compras es una actividad preferible al pachinko —un juego de *pinball* que también se ha convertido en una actividad de 24 horas— o a los famosos cibercafés. Aunque yo creo que mi actividad favorita, aparte de dormir, para esas horas de la mañana sería visitar un sento, también de 24 horas, como el LaQua, en Korakuen. O tal vez optara por ir a hacerme la manicura, aunque seguramente en el trabajo me mirarían raro si fuera con las uñas arregladas. ¿Recuerdas haber ido a un sento o un onsen cuando vivías aquí? Yo entiendo que a cualquiera que no sea japonés no le parezca una experiencia agradable, y lo siento por ellos.

Es cierto que gran parte del centro de Tokio está ocupado por edificios muy altos, pero no toda la ciudad. Tus recuerdos de nuestro barrio son, sin duda, muy precisos, y aún quedan lugares como los que describes —existen ordenanzas municipales que prohíben la construcción de edificios de más de dos plantas— y mercados donde la gente sigue yendo a hacer sus compras, especialmente cuando se trata de alimentos. Y, a pesar de ese aura de modernidad que desprenden algunas zonas de Tokio, otras muchas siguen igual que hace décadas. ¿Recuerdas, por ejemplo, aquel vendedor de tofu que utilizaba un ábaco para hacer los cálculos? Sigue allí. Ahora su hija trabaja con él, y siempre está tratando de convencerle para que use la caja registradora. Pero él se niega, y lo cierto es que siempre termina de hacer la cuenta antes que ella.

Me complace mucho volver a estar en contacto contigo. Me preocupaba que te pareciese raro que te abordara así, de repente. Pero también pensé que, ya que nos conocíamos desde que éramos tan pequeños que teníamos que subirnos a un cajón para lavarnos los dientes después de comer —¿recuerdas eso?—, tal vez pudieras perdonarme. He oído que, en otros países, los niños no se cepillan los dientes cuando comen en el colegio. ¿Cómo puede ser eso verdad? ¿Es que a los adultos no les preocupa su higiene bucal?

Aquí estoy ahora a punto de entrar de cabeza en el sábado, aunque para ti allá en Londres es aún viernes, poco después del mediodía. Espero que el resto de tu jornada de trabajo transcurra bien y que tengas a la vista un fin de semana entretenido.

Atentamente,
Tsubasa

Viernes, 9 de marzo, Londres, 20:22 horas
De: annabanana@gmail.com Para: ikemototsubasa@cybermail.jp

¡Pero qué dices de tu inglés! ¡Si es espectacular! Siento mucho haber dicho que era muy formal... Naturalmente, no me refería a que fuese malo: lo único que quería era evitar que te sintieras obligado a ser tan formal conmigo, no sé, como estabas siendo... Pero olvídalo: hazme una peineta mental y perdóname si puedes.

Claro que recuerdo nuestros cepillos de dientes. Los dejábamos en una taza de plástico con nuestro nombre, ¿verdad? Me pregunto si sería capaz ahora de leer mi nombre escrito en japonés. Qué idea tan deprimente. (Y otra cosa, de la que acabo de acordarme: ¿no compartíamos a veces el cepillo? ¿Por qué lo hacíamos? Madre mía. A la porra la higiene dental.) No puedo decir lo que pasa en los demás países, pero tienes razón: aquí en Londres nunca nos cepillábamos los dientes en el colegio después de comer. Ni nos lavábamos las manos, ni hacíamos gárgaras cuando volvíamos del descanso. Ni teníamos unos zapatos para la calle, otros para casa, otros para el gimnasio y unas zapatillas para el baño. Ahora que lo pienso: las costumbres de Londres son muy descuidadas. Recuerdo que en una ocasión me equivoqué y entré en clase con las zapatillas del baño: un desastre social, equivalente ir por ahí con la falda pillada con las bragas. También teníamos que hacer la limpieza después de clase, ¿verdad? Por turnos: había que fregar los suelos y limpiar los cristales. No tengo ni idea de por qué nos obligaban a hacer eso. Aquí por una cosa así se habrían amotinado.

Mañana voy a una fiesta de disfraces y he estado buceando en el armario, buscando la única peluca raída que tengo (qué triste pensar que no me voy a disfrazar de Frappuccino sexi) y ¿sabes lo que encontré? El gorro de los terremotos, ¿te acuerdas de ellos? Básicamente, un par de almohadas amarillas gigantescas cosidas, formando una especie de triángulo acolchado; recuerdo los simulacros, cuando teníamos que escondernos debajo de los pupitres y correr por los pasillos tapándonos la nariz y la boca; recuerdo que a mí siempre me parecía oler a quemado, aunque aquello no fuera más que un ejercicio. Nuestra profesora (Sensei Morigana, como la marca del chocolate, ¿te acuerdas?) nos dijo que cerca de allí había parques donde las alcantarillas se convertían en váteres de emergencia y los bancos en hornillos para cocinar. Desde que lo dijo yo viví con la impresión de estar en una ciudad rodeada de Transformers, como el programa de televisión. ¿Era verdad, o se lo inventó todo?

Anna

Sábado, 10 de marzo, Tokio, 06:55 horas
De: ikemototsubasa@cybermail.jp Para: annabanana@gmail.com

Sensei Morigana nunca te habría mentido. Claro que es verdad. Incluso en algunos sitios, como el parque de Nakano, tienen toda una estructura de supervivencia en el subsuelo: depósitos de agua y almacenes bien surtidos de alimentos, productos sanitarios y mantas para emergencias. Lo suficiente para mantener en marcha a varios distritos durante los tres primeros días después de una catástrofe. Eso he oído. También tienen estaciones de recarga para bicicletas eléctricas y teléfonos móviles que funcionan con energía solar.

Sin embargo, por extraño que parezca, nunca he pensado cómo sería la vida en un lugar que se encuentre sobre una falla enorme: Japón está en el Anillo de Fuego del Pacífico, donde converge una serie de placas tectónicas, y Tokio tiene un setenta por ciento de probabilidades de sufrir un terremoto importante en los próximos treinta años. Imagino que es lógico, cuando uno ha nacido en el lugar que sea, que la vida allí le parezca lo más normal. Hasta que no fui a Londres (viaje relámpago y la única vez que he salido al extranjero, de hecho) no fui consciente de la amenaza bajo la que vivimos. A mi regreso me resultó muy raro ver a mis paisanos de Tokio haciendo vida normal, igual que había hecho yo, bajando por voluntad propia al tercer nivel del sótano de algún edificio viejo y decrépito o subiendo al piso dieciséis de un rascacielos, ignorando el hecho de que toda la ciudad podría venirse abajo en cualquier momento. Fue realmente perturbador, hasta que logré entender que si quiero estar aquí, y es aquí donde quiero estar, mi única opción es aceptarlo y seguir adelante... Lo cual no deja de ser una cómica metáfora de la vida misma, ¿no te parece? He pensado mucho en ello

“Una de las razones por las que vivimos en una sociedad tan bien organizada se debe en el fondo a esa amenaza de caos”

desde entonces, y me he preguntado si una de las razones por las que vivimos en una sociedad tan bien organizada no se debe en el fondo a esa amenaza de caos y desastre. Tal vez todos sabemos, en el fondo, que la única posibilidad de sobrevivir que nos queda es desempeñar nuestro papel correctamente, y confiar en que los demás hagan lo mismo, para que todos los sistemas funcionen cuando sea necesario. Quizás también esto contribuye a esa notoria renuencia que mostramos a apartarnos del guion, y aumenta la tendencia a dramatizar, pero también influye en la consideración que la gente tiende a mostrar hacia sus semejantes. Esto es pura conjetura, pero no dejo de pensarlo. Y creo que no es difícil llegar a la conclusión de que precisamente por ese motivo elegí trabajar en este campo.

No sé muy bien por qué te he escrito este correo tan solemne en una mañana de domingo, la verdad. Perdóname… puede ser porque aún no he tomado ni un café.

Atentamente,
Tsubasa

P. S.: He buscado en Google «hacer la peineta». ¡Qué graciosa eres! ¿De verdad «haces la peineta» mentalmente muy a menudo?

Sábado, 10 de marzo, Londres, 01:14 horas
De: annabanana@gmail.com Para: ikemototsubasa@cybermail.jp

Claro. Continuamente. Literalmente, 24 horas al día. Aquí en Londres no te queda otra si no quieres morir a consecuencia de la ira reprimida o andar por ahí maldiciendo en voz alta sin parar. A mí me pasa. Es muy interesante lo que cuentas: ¡resulta tan difícil saber qué es lo que constituye una sociedad! Yo pensaba que cuando vivíamos en Japón los terremotos no nos preocupaban gran cosa, pero recuerdo, cuando nos mudamos aquí, haber mirado a la acera sintiendo un alivio inmenso de que no existiría el riesgo de que se fuera a partir en dos. Así que es posible que sí me preocuparan.

Estoy pensando mucho en Tokio en estos últimos días, intentando organizar mis recuerdos e imaginar lo distinto que hubiera sido todo si nos hubiéramos quedado allí. Me dio mucha pena marcharme, a pesar de la amenaza de aniquilación constante. Anda, alégrame el día: cuéntame cómo es un día cualquiera para ti, para que pueda imaginarlo. Así no me sentiré tan mal por haber vomitado verbalmente mi experiencia en Roppongi-*la-nuit*.

Anna x

Sábado, 10 de marzo, Tokio, 10:45 horas
De: ikemototsubasa@cybermail.jp Para: annabanana@gmail.com

Estimada Anna:

A pesar de ese correo tan sombrío que te he escrito antes, la verdad es que esta mañana me siento feliz y relajado porque es el primer sábado del año que no estoy en la oficina. En mi empresa hemos estado muy ocupados trabajando en un proyecto enorme. Pero en este momento me encuentro en mi café favorito, en un pequeño jardín cerca de mi casa, en Kichijoji, con plantas por todas partes, ventanas enormes y grandes mesas de madera clara donde la gente puede disfrutar de un excepcional café filtrado, un café que lleva bastante tiempo preparar. Me encanta esto, porque disipa todas las presiones.

Pero quería darte una respuesta adecuada a la pregunta de cómo es un día normal en mi vida, a ver si puedo ayudarte a imaginar cómo es Tokio. Creo que llevo la vida típica de cualquier empleado, así que quizá si lo organizo como si fuera un horario podrás hacerte una idea mejor.

6:50 horas. Tengo mucha suerte, porque vivo en el centro de Tokio y gracias a ello no tengo que levantarme de madrugada. Algunos de mis compañeros, sobre todo los que tienen hijos pequeños, viven en las afueras de la ciudad y, para evitar el infierno que supone el trayecto en horas punta, cogen el tren sobre las 5 de la mañana y acaban de despertarse del todo en algún café. Ya te darás cuenta de que la gente que vive en las afueras y trabaja en la ciudad gana el campeonato del sueño: verás gente dormida de pie, agarrada a las barras de los trenes que, cuando llega a su parada, despierta como por arte de magia y sale del tren como si no hubieran estado bostezando dos segundos antes. Es impresionante. En el metro la mayor parte de las estaciones tienen una banda sonora distintiva, y el efecto es sorprendente: si no entiendes el nombre de la estación,

> **❝ Todos los habitantes de la ciudad estamos programados como los perros de Pavlov ❞**

tan pronto como escuchas la musiquilla te pones en alerta, igual que si oyeras el despertador, aunque suene muy bajito. No sé si el Metro de Tokio lo diseñó con ese propósito, pero lo cierto es que todos los habitantes de la ciudad estamos programados como los perros de Pavlov.

Yo tengo la fortuna de vivir en Kichijoji, en la zona occidental de Tokio, así que no me levanto a las 5. Creo que mi piso podría considerarse, objetivamente, minúsculo; es lo que se llama un 1R, un apartamento de una sola habitación. El espacio principal mide siete tatamis, unos 10 metros cuadrados, con una cocina tipo *kitchenette* y un baño que tiene el tamaño exacto para sentarte si doblas las piernas y las rodeas con los brazos. Para mí es más que de sobra, pero requiere algo de organización. Sobre todo me gusta la sensación de comodidad y eficiencia que me ofrece, y también el hecho de no ocupar más espacio del que necesito.

Elegí este piso no solo porque era el que podía permitirme, sino porque tiene una gran ventana que da al parque Inokashira. En algunas zonas de Tokio uno puede tener la impresión de que se está ahogando en hormigón, pero también hay parques preciosos, como este. En él se encuentra también el museo Ghibli. Fui allí por primera vez no hace mucho, porque el sistema de venta de entradas de los almacenes Lawson me parecía muy complicado. Sé que no lo es, objetivamente no es tan complicado. Pero mi hermana mayor, Kyoko, que organizó el plan, fue quien me rescató. No sé si recuerdas a Kyoko. Tiene una tienda de esquí en Hakuba con su marido, y suele venir a verme a Tokio con sus dos hijos con bastante frecuencia.

En el museo hay un Gatobús gigante. ¿Te acuerdas del Gatobús de Totoro, por el que todos peleábamos en la guardería? Es básicamente un juguete de peluche del tamaño de un autobús para que los niños muy pequeños puedan subirse a él y corretear un poco. Por desgracia no está permitida la entrada a los adultos, no sé por qué, si es tan difícil que entren... Incluso los niños pasan con número, de modo que tienen que hacer cola y esperar su turno mientras observan a los que ya han subido pasándoselo pipa. Me pareció que mientras esperaban su comportamiento era excepcional: estaban sentados con las piernas dobladas en perfecto silencio. Mis sobrinos, sin embargo, son bastante inquietos, y querían andar por ahí mientras esperaban, lo que a Kyoko le pareció una buena prueba de los fallos en que ha incurrido al criarlos; yo, sin embargo, intenté tranquilizarla diciéndole que era un comportamiento normal en niños pequeños. Disfrutamos mucho de ese plan.

Inokashira es un parque muy extenso, con un zoológico y un lago donde la gente va a navegar los fines de semana, bien en barcas de remo o en hidropedales con forma de cisne. También se pueden admirar las pagodas y disfrutar de un café a la orilla del lago, o de un pícnic en familia. Me recuerda a esas pinturas impresionistas en las que se ve un parque, o la película de *Mary Poppins*, cuando los personajes se meten en una película de dibujos animados. No creo que sea lo que se imagina la mayoría de la gente cuando piensa en Tokio, la verdad. Puede resultar difícil de creer, cuando lo único que oyes es el canto de los pájaros y las cigarras en verano, que te encuentres en la ciudad más poblada del planeta.

07:40. Ir pronto al trabajo es fundamental para sentirse tranquilo el día entero. Lo cierto es que es un poco difícil sentirse tranquilo a una hora a la que los trenes van tan atestados que las necesidades básicas, como respirar, se ven muy restringidas. Creo que la gente piensa que esos vídeos de YouTube donde los funcionarios de ferrocarriles empujan a la gente al interior de los trenes, con sus manos enfundadas en guantes blancos y sin dejar de hacer reverencias, o bien son una parodia o representan una situación que no es la habitual. Y esto no es del todo cierto; la hora punta en Tokio es una experiencia muy intensa. Además, si llegas a una estación de la zona financiera a, digamos, las 8:50, todos los oficinistas echan a correr hacia sus despachos, a una velocidad razonablemente alta pero sin el menor cambio de expresión. A mí esto me parece muy estresante, sobre todo cuando bajo en Tokio Station, que está muy concurrida porque por ella pasa una media de más de 3000 trenes diarios con medio millón de personas. Así que las cosas mejoran cuando uno llega con algo de tiempo de sobra para desayunar un poco.

Muchas de las estaciones que hay en Tokio tienen un Atre, un centro comercial. El de Tokio Station no es técnicamente un Atre, pero es tremendamente grande y muy chic. Dentro de la estación hay grandes almacenes y pasillos subterráneos con cientos de tiendas, y la oferta es muy variada: sushi en cintas transportadoras, chocolate de Colombia (y exquisiteces como las tortillas de chocolate) o ropa de cáñamo, de manera que es muy fácil distraerse. Yo pienso que una razón de peso para que haya tantas tiendas en las estaciones es que siempre tenemos que comprar algún regalo: si vamos a visitar a alguien, resultaría muy grosero no llevar un regalo, o regresar sin otro. Es muy interesante ver lo que más éxito tiene como objeto de regalo: en Tokyo Banana, por ejemplo, una tienda espectacular y muy sofisticada, el principal producto es un bizcocho con forma de plátano y un relleno cremoso que sabe a plátano. Hay distintas ediciones especiales, como plátanos con estampado animal o colaboraciones con diseñadores famosos. Y yo me pregunto si este es el culmen de la mentalidad de Tokio: especializarse tanto en un nicho que resulta bastante turbio y trabajar en él con toda tu creatividad, tenacidad y meticulosidad.

“Siempre tenemos que comprar algún regalo”

Pido disculpas por desviarme tanto… Regreso a la mañana. No suelo desayunar en Tokyo Banana; normalmente voy a una pastelería. Creo que la gente piensa que desayunamos arroz y pescado, y es cierto que yo alguna vez lo hago, o tal vez natto (¿sigues tomando esas habas de soja fermentadas? No es un plato muy popular entre los extranjeros, aunque a mí me encanta) y un huevo crudo encima del arroz.

Sin embargo, este desayuno lo reservo para cuando tengo más tiempo. Recuerdo que a ti te encantaba el bizcocho de melón cuando eras pequeña, y tu madre lo traía, al terminar el colegio, de merienda. Yo lo tomo a veces, aunque, como sabes, tiene poco que ver con el melón: es más una especie de galleta crujiente y esponjosa por dentro. ¡Qué estupendo pretexto para tomarlo de desayuno! O el pan de curri, o anpan, ese bizcocho con pasta de judías rojas dulces, o cualquier pastel francés. El desayuno siempre me trae recuerdos de Anpanman, el superhéroe con cabeza de anpan.

8:45. Trabajo en un gran edificio de oficinas en Marunouchi, un distrito financiero que está entre Ginza y el Palacio Imperial. Marunouchi es grandioso, y a veces me hace sentir que estoy impostando un papel. ¿Has tenido esa impresión alguna vez? En algunas ocasiones, cuando llego especialmente temprano, veo a los equipos de limpieza en plena faena. Tienen un uniforme especial, inspirado en Marunouchi, y al principio, cuando vi a un hombre así vestido, pensé que estaba haciendo yoga o algunos movimientos de artes marciales, porque estaba arrodillado en la escalera con una pierna, y tenía los dos brazos estirados hacia los lados y las muñecas flexionadas formando un ángulo de 90 grados. Cuando lo vi más de cerca, me di cuenta de que tenía unos trapos en las manos y estaba limpiando la barandilla de cristal de las escaleras. Repitió ese movimiento, arriba y abajo, a diferentes alturas, hasta que toda la escalera quedó reluciente.

Seguramente no haga falta decirte que los habitantes de Tokio pasan una gran parte del tiempo trabajando; tal como yo lo veo, la mayoría de la gente tiene la impresión de que trabajamos demasiado. Y es extraño porque, aunque es cierto que yo trabajo hasta muy tarde casi todas las noches (ya sabes que es incorrecto marcharse antes que tu jefe, y el mío, como la mayoría, suele quedarse un buen rato), el ambiente de la oficina es generalmente de calma. Hay una jerarquía muy clara, y unos protocolos extremadamente claros también en cuanto a la forma en que hay que hacer las cosas; cualquier cambio ha de ser aprobado por aproximadamente siete millones de personas, con lo que nunca se produce con rapidez. No se centra uno en terminar las tareas lo antes posible, sino con total corrección, y todo el mundo tiene que estar de acuerdo. Sin embargo, siento que puedo elegir entre dos opciones: luchar contra el sistema y agotarme, o ceder ante él y pasar muchas horas en el trabajo, pero (idealmente) no en un estado de presión constante. Yo suelo elegir lo segundo.

10:45. El café es necesario, y como a esta hora suelo estar bastante atareado, lo compro en alguna máquina. ¿Sabías que en Japón hay unos cuatro millones de máquinas de *vending*? Eso supone una por cada 25 personas. Últimamente se ha desatado la locura con las «gacha», esas máquinas donde con unas monedas se pueden comprar juguetes o figuras coleccionables que van dentro de una burbuja de plástico, y que están por todas partes: filas enteras de esas máquinas. No sé si se pueden llamar máquinas de *vending*, pero si la respuestas es sí, el número ha aumentado exponencialmente. Como tantas cosas en la vida, estas máquinas expendedoras me provocan sentimientos encontrados. Por un lado, es muy cómodo tener a quince segundos de distancia un café caliente o un refresco frío de Calpis (o un helado, o fruta, o comida congelada, o cigarrillos, o sándwiches o tantas otras cosas como suelen vender). Por otro, no estoy muy convencido de que sea necesario malgastar tanto metal o plástico cada vez que queremos consumir 200 mililitros de líquido. Pero digo eso y sigo recurriendo a las máquinas expendedoras. Es una hipocresía.

12 del mediodía. Aquí es habitual que la gente empiece a comer alrededor de las 11:30, y que la mayoría cene a las 6 de la tarde. O bien cenan en casa. Fuera de casa se puede cenar a las 18:00 horas, y mucha gente lo hace. En aquella ocasión en que fui a Londres por trabajo y pasé allí un par de meses, me di cuenta de que la comida del mediodía era una de las cosas que más echaba de menos de Tokio. Aquí puedes hacer una comida de dos o tres platos, o un teshoku, que es normalmente un plato principal con guarnición de arroz, sopa de miso y encurtidos, por unos 1000 yenes, y todo el mundo se sienta a comer a la mesa. En un lugar como Marunouchi, hay muchos sitios para comer a solo cinco minutos de distancia de la oficina, con lo que puedes ir a uno distinto cada día durante al menos un mes. No me importa no volver a comer un sándwich sin levantarme del escritorio.

17:30. La gente no solo se queda dormida en los trenes. Más de una vez cierran los ojos y dan alguna cabezada en las reuniones de trabajo. Cuando empecé a trabajar, me asombró esta situación, pero después me di cuenta de que, más que representar que el interviniente estaba aburriendo a la audiencia hasta el punto de provocarles el sueño, lo que significaba esto era que el durmiente había estado trabajando tanto que no era capaz de mantener los ojos abiertos. Así que dar una cabezadita en público puede ser algo bueno, porque muestra la intensidad de tu compromiso hacia la empresa.

21:20. Normalmente, cuando termino de trabajar, no tengo ganas de cocinar para mí solo, así que suelo cenar fuera, con mis compañeros o por mi cuenta. Me da mucha paz comer sin compañía en un lugar donde se espera que hagas precisamente eso: por ejemplo, en la barra de un bar, rodeado de personas que también comen solas; es como estar en la cantina del instituto rodeado de estudiantes especialmente introvertidos. Está bien concentrarse en la comida: un cuenco de ramen de tonkotsu, por ejemplo, o de udon. Yo normalmente regreso a Kichijoji y voy a algún sitio como Harmonica Yokocho, que es un yokocho típico: una vorágine de pasillos techados que albergan muchos restaurantes donde se puede beber o comer platos muy ricos (de hecho, «yokocho» se puede traducir por «pasadizo»), justo al lado de la estación. Las calles tienen una iluminación muy agradable, con faroles rojos, y están resguardadas por si hace mal tiempo; tienen bares o restaurantes donde se puede consumir de pie: así estas en medio del barullo, envuelto en el olor de los guisos, el personal gritando, los clientes riendo y, sin embargo, solo y sin que nadie te moleste.

En otras ocasiones voy con mis compañeros, bien porque nos apetece o bien porque tenemos que ir.

Tomar una copa al salir del trabajo —nomikai— es algo que va con el puesto. Que nadie espere conservar su empleo si no sale con su jefe de vez en cuando, se emborracha un poco e incluso termina por los suelos después de cantar en un karaoke de la peor cata. En más de una ocasión he estado yo sentado en una mesa de izakaya, separada de la contigua por un biombo shoji de papel, cuando se ha caído en mi mesa alguien de la otra mesa completamente curda. Y nadie se ha sorprendido ni avergonzado por ello. Al final de una de esas noches, lo más correcto es llegar al día siguiente a trabajar como si aquello no hubiera sucedido nunca.

“Tomar una copa al salir del trabajo es algo que va con el puesto”

Marunouchi desemboca en Ginza, así que mis compañeros y yo vamos normalmente allí. Algunas veces vamos a sitios que conocemos, pero a mí me encanta la ruleta de izakaya. Se trata de elegir un lugar con un cartel de neón y un menú desde el exterior del edificio, en la planta baja. Luego se sube en ascensor hasta la planta 9 o se baja a la B2, por ejemplo, que da directamente al restaurante. Esto supone que, si eres el único cliente, o si el establecimiento huele tanto a tabaco o a humedad que es imposible respirar allí dentro, resulta muy violento no quedarse. La verdad es que es bastante raro elegir mal, y que con la ruleta de izakaya es como hemos encontrado algunos de mis lugares favoritos, porque ni yo ni mis compañeros somos tan modernos como para suscribirnos a las notificaciones y boletines digitales que nos informan de los lugares que están más de moda.

Bien pensado, creo que este correo es demasiado prolijo. Sigo aquí sentado, en el jardín del café (aunque he pasado del café a un matcha helado, que es muy refrescante), y meditando si debo enviártelo o no. En el análisis final he decidido enviarlo, en respuesta a tu pregunta, pero quiero pedirte disculpas por esta sobrecarga de información. Espero que al menos esto te haga sentir que la información que me proporcionaste tú a mí sobre la noche de Roppongi no fue en modo alguno excesiva.

Aparte de esa noche, me doy cuenta de que no sé gran cosa de tu vida, y hay cuestiones por las que siento curiosidad. Por ejemplo, me pregunto si hubo algún motivo por el que decidieras no regresar a Tokio, antes de esta visita reciente. ¿Te estás poniendo enigmática a propósito?

Atentamente,
Tsubasa.

P. S.: Espero que hayas disfrutado de tu fiesta de disfraces. Estoy seguro de que irías muy guapa, aunque no lograses vestirte de bebida con cafeína.

Lunes, 12 de marzo, Londres, 22:07 horas
De: annabanana@gmail.com Para: ikemototsubasa@cybermail.jp

Querido Tsubasa:

Nada de prolijo, en absoluto. Es magnífico. Me ha encantado imaginarme la vida de un empleado de Tokio: eso fue lo único que me salvó ayer, mientras estaba tumbada en el sofá reponiéndome de la resaca de tequila más horrenda del mundo y sintiéndome lo menos parecida a esas muchachas perfectas de Roppongi.

Es muy emocionante que me consideres enigmática, porque normalmente mi manera de comunicarme se parece más a la de un *golden retriever* que a la de una extraña misteriosa. No tengo nada que ocultar o, mejor dicho, nada que contar. Pero SI por casualidad tuvieras algún interés en mi aburrida existencia tal vez te lo pueda narrar en persona, porque en el trabajo me vuelven a mandar a Tokio. Serán solo unos días, pero estaba considerando la posibilidad de quedarme algunos más, de vacaciones, y pensé que tal vez te gustaría que nos viéramos. ¡Así podrás enseñarme la ciudad! Si tienes tiempo, naturalmente. Nada demasiado intenso... No espero que pares tu vida y te dediques a ser mi cicerone, obviamente. Pero podríamos tomar una copa y así me das algunos consejos.

Anna X

P. S.: Creo que mi madre siempre pensó que volvería a Tokio, y que nos llevaría a Mia y a mí. Sobre todo cuando se divorció de mi padre. Pero, después de su muerte, nunca volvimos a hablar de ello. Supongo que fue porque (a) me di cuenta de pronto que ya no sé hablar japonés, y (b) he perdido por completo el contacto con los parientes que teníamos allí. Además, vivíamos con mi tía Eileen, que carecía por completo del llamado espíritu aventurero (¡por no hablar del precio de un billete a Tokio!). Ahora me pregunto qué demonios he estado haciendo todo este tiempo.

Miércoles, 14 de marzo, Tokio, 23:12 horas
De: ikemototsubasa@cybermail.jp Para: annabanana@gmail.com

Estimada Anna:

Siento mucho haberte hecho una pregunta que ha resultado de lo más insensible. Naturalmente, tendría que haberme dado cuenta de que el fallecimiento de tu madre habría complicado aún más las cosas. No hablamos de ello cuando nos vimos en Londres. Quiero expresarte mis condolencias.

Me encantaría contar con unos días para descansar de mi vida y dedicarme a ser tu cicerone.

Estoy seguro de que lo pasarás muy bien en Tokio. Acabamos de firmar unos contratos con una importante empresa de arquitectura, lo que ha aumentado la carga de trabajo, y no quiero incomodar a mis compañeros. Pero intentaré encontrar la manera de tomarme algún tiempo libre. Por desgracia, no lo veo fácil.

Atentamente,
Tsubasa

Miércoles, 14 de marzo, Londres, 15:51 horas
De: annabanana@gmail.com Para: mia.haseda@milburneschool.edu

MIAAAAAAA: ¡Socorro!

Mira el correo que te envío. Lo peor del mundo. Tiene que acordarse de lo de Londres, ¿no te parece? ¿O es que le han hecho una lobotomía? Aunque hayan pasado diez años... No te das el morreo con una persona y luego si te he visto no me acuerdo, digo yo. Igual es tan donjuán y hay tantas mujeres en su vida que le resulta literalmente imposible recordar a todas las que ha besado, y los dos días que estuvimos juntos en Londres no significan nada para él, más allá de un rollete de turista. Quiero decir... No es esa la impresión que da, pero nunca se sabe. O QUIZÁS lo recuerda perfectamente y ese recuerdo está horrendo para él, y tiene tal miedo a que yo pierda el control y me lance a su cuello si volvemos a encontrarnos que está intentando componer una estrategia amable para evitarme en Tokio. ¿¿INCOMODAR A SUS COMPAÑEROS?? ¿Cuándo se ha visto una forma de rechazo así? AY, DIOS.

De tu hermana, DESESPERADA y en pleno arrebato EMOCIONAL,

Xxxxxxx

(No estoy desesperada por pillar a Tsubasa, claro. Quiero decir que en Londres estuvo supermajo y me quedé un poco colgada con él, pero eso fue HACE DIEZ AÑOS, hermana. Ahora no me gusta. Lo único que quiero que piense de mí es que soy lo suficientemente normal para llevarme de paseo por Tokio. ¡AAARGH!)

Jueves, 15 de marzo, Londres 10:12 horas
De: annabanana@gmail.com Para: ikemototsubasa@cybermail.jp

Hola, Tsubasa:

Cero prob. Estoy segura de que estarás muy ocupado.

Anna x

Miércoles, 20 de marzo, Tokio, 02:03 horas
De: ikemototsubasa@cybermail.jp Para: annabanana@gmail.com

Estimada Anna:

Siento mucho la demora en responderte. He estado intentando organizarme para ver si puedo tomarme algún tiempo libre, pero lamento comunicarte que, por desgracia, los nuevos contratos lo hacen imposible. En este momento me encuentro maldiciendo nuestra cultura del trabajo y cómo lo vivimos aquí en Tokio. Sin embargo, he tomado la decisión de reservar el trabajo únicamente a los días laborables, y creo que he hecho grandes progresos con mi carga de trabajo durante los últimos días. Me sentiría muy honrado de acompañarte si estás disponible en sábado y domingo.

Mientras tanto, te ruego me permitas enviarte algunas sugerencias sobre cosas que podrían gustarte. ¿Dónde vas a alojarte? ¿Tienes interés en ver o hacer algo en concreto?

Me preocupa un poco que mis puntos más débiles, entre ellos el exceso de entusiasmo y planificación, se muestren en todo su esplendor, y de modo incontrolable, en el Proyecto Anna en Tokio. Voy a hacer un esfuerzo por controlarlos, o al menos por disimularlos un poco.

Me alegra mucho saber que ni el detalle excesivo de mis correos ni mi lado agorero respecto a la tierra abriéndose en dos (no sé muy bien por qué te dije esto) te hayan disuadido de la visita. Está claro que eres tokiota de corazón.

Atentamente,
Tsubasa

Jueves, 20 de marzo, Londres 18:03 horas
De: annabanana@gmail.com Para: ikemototsubasa@cybermail.jp

¡Vivan los fines de semana de Tokio! Siento mucho que el trabajo sea tan frenético... Vaya mierda. Ya sabes que estoy muy familiarizada con tus puntos más débiles —a los cuatro años te empeñabas siempre en ver todo lo que había en mi obento antes de que yo empezara a comer, y estuviste a punto de cargarte al camaleón de la clase por ser tan obsesivo con tu plan de limpieza y riego— y a pesar de todo fuiste mi persona favorita de la clase cuando estábamos en la guardería. Así que no temas: estás en espacio seguro.

Además... Aquí tienes una turista flexible y dispuesta: ¡que no te preocupe inundarme de información! Creo que en esta ocasión el trabajo me llevará hasta Ueno. ¿Te parece bien? Como ubicación, quiero decir. ¿Qué te parece? Mis intereses... Pues pasarlo bien, comer comida rica y empaparme de la cultura japonesa como cualquier turista típico, de esos que no quieren reconocer que son turistas. Y, si puede ser, no ponerme en evidencia y que todo el mundo me odie porque les ofendo por no seguir la etiqueta, si es que es eso posible. Ya sé que hay que andar descalzo, con la cabeza en gesto de reverencia y que no se suena uno la nariz delante de la gente (recuerdo que mi madre decía siempre que equivale ir al baño en público), pero creo que el resto de mis modales japoneses me han abandonado. ¿Alguna sugerencia?

Miércoles, 20 de marzo, Londres, 18:07 horas
De: annabanana@gmail.com Para: mia.haseda@milburneschool.edu

Creo que va todo bien. Me parece. Quizás eso de incomodar a sus compañeros de trabajo era cierto, y no una evasiva. (De hecho acabo de ponerlo en Google y, al parecer, la posibilidad de incomodar a los compañeros de trabajo es una especie de FOBIA en Japón. ¡Tendría que haberlo mirado antes!)

¡¡¡Estoy intentando racionar los signos de exclamación que uso!!! En los correos que le envío, vaya. Así que tengo que soltar el vapor como una olla, aún más, cuando te escribo a ti, claro. Creo que le parezco apabullante INCLUSO POR CORREO ELECTRÓNICO, así que el pobre podría sufrir un colapso cuando nos veamos en persona.

¡¡¡¡¡TOKIO, MIA!!!!! Estoy emocionadísima.

Jueves, 21 de marzo, Tokio, 19:29 horas
De: ikemototsubasa@cybermail.jp Para: annabanana@gmail.com

Estimada Anna:

Me debato entre la emoción que me provoca que recuerdes esas cosas y una vergüenza tal que me dan ganas de morirme. Prometo que las cosas ya no son como antes.

He estado pensando mucho en lo que dices de la etiqueta y es cierto lo que comentas; quizá las más importantes, y las menos conocidas para los extranjeros, son estas:

1. Quítate los zapatos antes de entrar en algún sitio; normalmente hay un escalón que sitúa el piso un

nivel por encima del suelo de la calle, y eso indica que hay que quitarse los zapatos. Suele ocurrir en restaurantes y colegios, por ejemplo, además de en las casas. Sin embargo, en algunos lugares como los vestuarios tal vez no sea del todo obvio, así que es mejor preguntar.

2. La inclinación de cabeza: es un gesto de reverencia que se hace para saludar, dar las gracias, pedir disculpas o mostrar apreciación. Yo he visto a mucha gente con el cuello en ángulo de noventa grados mientras hablan por teléfono.
3. Si dudas, lleva un obsequio. No hay muchas ocasiones sociales en las que no sea adecuado hacerlo. Cualquier alimento es un buen obsequio, y el sector de este tipo de regalos es muy amplio en Japón. Cuando estuve en el centro de Tokio con Kyoko pasamos por una tienda que vendía fresas empaquetadas para regalo: son perfectas desde el punto de vista estético y algunas tienen un color rosa pálido precioso, incluso blanco. No me cabe duda de que serán deliciosas, además. Y el precio de una caja de seis fresas es de 6500 yenes. El obsequio no es tanto un objeto como una manifestación de tu consideración hacia esa persona.

Creo que existen tantas reglas que ni los japoneses son capaces de cumplirlas todas. En la televisión ponen, entre los programas más populares, pequeñas cuñas donde nos enseñan etiqueta. Hace poco vi una en la que una dama con kimono que regentaba un prestigioso ryotei (una casa de té donde las geishas reciben a sus clientes) en Kioto enseñaba a los espectadores la manera más educada de quitar las espinas al pescado. Resulta que yo he sido un maleducado toda mi vida... pero lo cierto es que nunca he visto a nadie hacerlo como ella.

Por otra parte, para ser verdaderamente cortés tendrías que hablar en keigo, que es el nivel más formal —u honorífico— del idioma japonés. El japonés tiene varios niveles de cortesía, y en ellos no solo importa la forma: también el vocabulario es diferente; tanto que, si el japonés que sabes es muy coloquial, te costará entender un lenguaje más elevado (te doy un ejemplo: cuando en un restaurante te preguntan «¿Lo va a tomar aquí?», tú esperas que la pregunta en japonés sea «¿Koko de tabemasuka?». Pues nadie te preguntará eso en un restaurante. Sin embargo, te dirán «¿Tennai de omeshiagari desuka?», que quiere decir «¿Toda la comida fue deliciosa?»). Además, tienes que calcular muy bien qué nivel de formalidad necesitas emplear con cada persona. El keigo es lo bastante particular y complicado para que mucha gente siga un curso antes de algún acontecimiento especial, como por ejemplo una entrevista de trabajo. Así se aseguran de que lo harán bien.

“La etiqueta japonesa es un campo minado incluso para los japoneses”

Lo que quiero decirte con todo esto es que la etiqueta japonesa es un campo minado incluso para los japoneses, y creo que la mayoría de la gente no la tiene en cuenta si un extranjero se equivoca, siempre que la intención sea buena. Creo que se trata, sobre todo, de mantener la armonía, ser considerado y mostrar respeto. Se trata, como sabes, de eso que se llama «leer el aire», y entonces todo irá bien.

Y ahora que lo digo... ¿existe una traducción para esa frase? En japonés significa que hay que considerar la situación en que uno se encuentra, evaluar los sentimientos de la gente y actuar en función de esa información. Creo que leer el aire es vital aquí, y estoy seguro de que lo es en cualquier parte.

Hablando de aire: recuerdo que en Londres no estaba permitido fumar dentro de los sitios, pero sí fuera. ¡En Tokio es justo lo contrario! Aquí hay restaurantes y bares en los que se puede fumar, pero no está permitido hacerlo por la calle. He oído que el origen de esta norma es que el cigarrillo que uno lleva en la mano queda justo a la altura de la cara de un niño. También porque entrar a un restaurante donde se fuma es opcional, pero no lo es respirar o no cuando tienes a alguien fumando a tu lado. Existen zonas acotadas para fumar, a veces incluso con un cordón, un panel de cristal o algo por el estilo.

Ueno es una buena zona; pero también lo era Akasaka, donde estuviste la vez anterior. Ueno está muy bien porque tienes la línea JR Yamanote, una línea circular de tren que es prácticamente un recorrido turístico por Tokio y conecta muchos puntos útiles. Como sabes, Tokio es una ciudad limpia y segura en la que pasan un montón de cosas simultáneamente, así que cualquier lugar que esté cerca de un transporte público y no demasiado apartado es adecuado.

Acabo de pasarme diez minutos mirando por la ventana, observando a Yoshikawa-san en el apartamento de enfrente —estaba podando las plantas de su balcón con unas tijeras de manicura— y preguntándome qué deberías hacer en tu primer día en Tokio. Creo que me ha debido explotar el cerebro a consecuencia de eso. Y ahora me doy cuenta de que tú no necesitas, ni podrías, ver todas las atracciones turísticas de Tokio en un día, ni siquiera hacerte una idea suficiente para captar su esencia. Eso en cuanto a un día, pero ¡tienes más de uno!

Naturalmente, no tengo intención de prescribirte un itinerario, pero sí he pensado que, más que centrarnos en los sutiles encantos de la ciudad (que son muchos), para empezar quizás te gustaría lanzarte de cabeza a las grandes atracciones de Tokio, algo así como esa imagen glamurosa, consciente, llena con la energía de «¡Luces, cámara, acción!» y, si fueran de tu interés, aquí te propongo algunas opciones:

Uno de mis lugares favoritos para ir a desayunar, sobre todo en días soleados, es el Daikanyama T-site. En cualquier parte de Tokio se encuentran ofertas excepcionales para un *brunch*, en parte porque de un tiempo a esta parte el *brunch* está muy «hayatteru», es decir, muy de moda. La verdad es que no entiendo muy bien cómo puede ponerse de moda una comida, que es algo que hay que hacer por necesidad. En fin, que como hay muchos lugares en los que sirven un *brunch* excelente, resulta un poco extraño escoger el T-site, donde las opciones son el Ivy Place, delicioso pero un poco estirado, o el Starbucks (¡quién lo iba a decir!). Sin embargo, creo también que la cuestión no es tanto la comida como esa sensación incomparable de mañana de sábado: todo el mundo de buen humor, lleno de energía y relajado, con la impresión de que el tiempo se estira. La zona exterior tiene ambiente de campus universitario: está llena de gente paseando a sus perros, perfectamente aseados, y de niños que montan en bicicleta entre los árboles y las mesas de café. Y el Starbucks, ya lo sabes, está dentro de la gigantesca librería Tsutaya. La mayor parte de las Tsutayas de Tokio tienen un acuerdo con Starbucks, de hecho; la de Roppongi, frente a Roppongi Hills, es otra que me gusta mucho. En la Tsutaya del T-site puedes tomar un café mientras curioseas por plantas enteras, perfectamente organizadas, de libros que tratan de temas como el onsen en Japón o la historia de los aperitivos japoneses, disfrutas de los cuentacuentos de la sección infantil o visitas la sección de música, con discos y objetos de coleccionista y hasta cabinas para escucharlos. También puedes sentarte en el café-bar de la planta superior, con las paredes cubiertas de libros: de hecho, la barra está construida con libros antiguos de tapa dura. Tsutaya ofrece también exposiciones y vende objetos muy bellos: bordados con detalles exquisitos, por ejemplo, o papelería de escritorio hecha a mano. Tienen incluso ginebra fabricada con kumquats que se cultivan en una isla concreta de Okinawa. Tal vez te parezca extraño que todo esto me resulte tan balsámico, ya que no tengo ningún deseo especial de adquirir ginebra de kumquat de Okinawa. Creo que lo realmente atractivo es el cuidado, el esmero, la atención al detalle, esa sensación que tanta energía y optimismo nos insufla lo que nos causa buena impresión. Después de recorrer la librería, puedes dar un paseo por Daikanyama, un vecindario con mucha vegetación y lleno de tiendas de moda independientes y, por extraño que parezca, lugares para celebrar bodas, muy modernos y de estilo elegante en general. A mí este lugar siempre me produce una sensación inmensa de bienestar y felicidad respecto a la ciudad en que vivo.

Otro lugar por el que empezar, que es una atracción obvia, pero no por eso se disfruta menos, es Omotesando, llamado a veces «los Campos Elíseos de Tokio», imagino que por ser una amplia avenida bordeada por árboles enormes. A ambos lados hay cafés donde te puedes sentar a ver pasar el mundo, y en las calles aledañas creo que es posible encontrar cualquier lugar que te apetezca para desayunar: pongamos, por ejemplo, una hamburguesa hawaiana (aunque no tengo muy claro qué convierte a una hamburguesa en hawaiana, pero ahí está), o una pila altísima de tortitas taiwanesas muy esponjosas y, para quien esté dispuesto a hacer dos horas de cola, un chocolate caliente. Hacer cola es una especie de pasatiempo nacional, y a mí probablemente me falta un gen japonés que olvidaron implantarme porque me importa poco probar una cosa hoy o la semana que viene, cuando las colas se hayan evaporado. Y ahora que digo esto recuerdo que hacer cola en Londres durante toda la noche para comprar unas entradas para Wimbledon me proporcionó una sensación de camaradería, de objetivo logrado, que pocas cosas han llegado a igualar. Tal vez es que tengo muy poca imaginación. En la propia Omotesando, hay un montón de tiendas de renombre, y en Omotesando Hills, un centro comercial tan gentrificado y atestado de gente elegante y glamurosa que es difícil creer que no se trata de un universo creado con inteligencia artificial para hacer un anuncio publicitario.

Sin embargo, si sales de la avenida principal a la altura de Omotesando Hills, hacia un lado, o tomas Cat Street —una calle que han cerrado al tráfico detrás de Kiddy Land— hacia el otro, entras en las callecitas traseras: las de la zona este, en general, son más bien tiendas independientes, mientras las del oeste (las de Cat Street) tienen muchas tiendas de diseñadores con espíritu deportivo. Mis favoritas son las del este, donde encuentras tiendas *vintage* con una decoración cuidadísima o locales que son prácticamente cubículos donde, por ejemplo, hay un hombre que vende chaquetas de cuero inspiradas en los Ángeles del Infierno y gorras de béisbol con alas, diseñadas por él. Además, en estas calles traseras hay muchas maravillas arquitectónicas: edificios que parecen tener un huerto por fachada, con siluetas al estilo de Gaudí o encerrados en jaulas de cristal. Es posible caminar, comprar, comer y curiosear un día entero, y desde luego una manera muy entretenida de pasarlo.

En esta zona encontrarás también Takeshita-dori, una calle que se ha hecho muy famosa: es la meca de Harajuku. Siendo sincero respecto a Harajuku, te diré que es uno de tantos lugares que de pronto se han vuelto populares en todo el mundo. Los *fashionistas* de Harajuku, que solían congregarse allí durante los fines de semana, han huido como animales salvajes perseguidos por una flota de *jeeps* y, aunque aún quedan tiendas interesantes, hay muchas que se dedican al algodón de azúcar con los colores del arco iris y las patatas fritas rizadas. No es que me parezcan mal estas cosas en sí mismas, pero reina allí un ambiente generalizado de grasas saturadas y alto contenido en azúcares, una sensación de fruta que se ha pasado de madura, no sé... como si el encanto que una vez fue su atractivo se hubiera echado a perder. También hay muchos cafés con tema animal: el café de las nutrias, por ejemplo. Es un tema muy debatido en Tokio este de los cafés con animales, igual que el de las tiendas de mascotas, que tanto abundan en Tokio: ¿son lugares éticos? ¿O quizás no deberíamos tenerlos?

Si partes de la estación de Harajuku estás en la ubicación perfecta para experimentar los contrastes que constituyen Tokio, porque te encuentras a un tiro de piedra del santuario de Meiji Jingu, un enorme santuario shinto dedicado al emperador Meiji, que reinó cuando Japón se abrió a los extranjeros (en 1868) y a su esposa, la emperatriz Shoku. El bosque que rodea al altar es imponente —creo que tiene más de 100 000 árboles procedentes de todas partes del país—, y, caminando por sus avenidas, sombreadas por árboles frondosos, oyendo el canto de los pájaros y viendo a las sacerdotisas ataviadas con sus túnicas rojas y blancas mientras respiras el aroma del incienso y el alcanfor, resulta difícil imaginar que el torbellino bombástico de Harajuku está solo a unos minutos de allí.

Justo detrás de Meiji Jingu está el icónico parque Yoyogi. Estoy pensando en algunos habituales, como la *troupe* de los Elvis: un grupo de hombres, mujeres y niños disfrazados de Elvis que suelen bailar en la entrada los domingos: son muy famosos. Yo no diría que el Yoyogi sea un parque atractivo por sí mismo; para mí tiene una atmósfera funcional, casi militar. Algunas zonas son encantadoras, como la de las orquídeas: un punto muy pintoresco para hacer un pícnic del que se apodera la locura cuando florecen los cerezos. En ese momento la gente se mata por conseguir el mejor sitio, bajo los árboles más bellos para contemplar la floración (hanami), hasta tal punto que una empresa puede enviar allí a un empleado a dormir en un saco de campaña la noche anterior a la celebración del pícnic corporativo, para coger sitio.

Dentro del Yoyogi también hay un parque acotado para perros: no puedes dejar al perro suelto como si el mundo fuera tuyo, a no ser que te encuentres en un área específica para ello, una vez que te hayas inscrito como miembro del parque canino. Hay áreas acotadas para perros de diversos tamaños, porque sería un desastre pretender que un chihuahua socializara con un sambernardo. También hay áreas arboladas, una pista ciclable que rodea el Yoyogi, un parque para que los niños monten en bicicleta, donde estas se pueden alquilar, y un lago.

Sin embargo, creo que la principal actividad que se realiza en el parque Yoyogi es la observación de la humanidad. Aquí es donde la gente ensaya sus coreografías para las celebraciones de empresa. Por ejemplo, a todas las oficinas regionales de mi empresa les piden que hagan un vídeo de presentación para conocernos todos, y mi oficina decidió presentarse con una coreografía. Se filmó en la oficina, con todos nosotros con calcetines, pero sin zapatos. No pretendía ser divertido. En un momento de inspiración divina se me ocurrió decir que necesitábamos una mascota, y que yo me disfrazaría de ello. Así que gracias a todas las deidades aparezco en el vídeo metido en un disfraz de periquito gigante que me cubre por completo. Pero los ensayos son, a veces, muy intensos, y se llevan a cabo en el Yoyogi durante varios domingos por la tarde.

“Creo que la principal actividad que se realiza en el parque Yoyogi es la observación de la humanidad”

Yoyogi es también el punto de encuentro para muchos artistas de *cosplay*, tanto aficionados como profesionales, que atraen hordas de fotógrafos. La gente lleva sus colecciones de muñecas, coches, etc., para socializar con otras personas que tienen intereses similares, y los grupos de artes marciales practican allí. Yoyogi tiene además un recinto para eventos y ferias, por ejemplo de alimentación, o festivales de *jazz* y actuaciones de tamborileros de taiko o bandas de chicas como AKB48. ¿Conoces la AKB48? Es un grupo de chicas muy extravagantes, procedentes de

Akihabara (de ahí las iniciales, AKB), con 48 componentes. Han inspirado a otros grupos que las imitan, como las Nogizaka46 (46 chicas de Nogizaka) y tienen un ejército de fanes que se saben todas y cada una de sus energéticas coreografías.

Omotesando, Harajuku y Daikanyama están, todos ellos, a poca distancia de Shibuya. Puedes ir andando. No voy a describirte las rutas porque parece que en Shibuya hay obras que no se acaban nunca y que provocan desvíos inevitables. De modo que cualquier camino que tomes acabará en un conglomerado de edificios de muchas plantas que te recordará a Escher con sus pasadizos y sus pasarelas. Para dejarlo claro: esto es provocador y emocionante a un tiempo, pero también una especie de pesadilla, ambas cosas a partes iguales. Quizás recuerdes que mi hermana Kyoko es un poco sabelotodo, y como lleva muchos años saliendo por Tokio siempre dice que Shibuya es para adolescentes, y que ningún adulto puede plantearse salir por allí. Yo entiendo lo que quiere decir: tiene muchas tiendas que venden adornos para el pelo y tortitas rellenas de nata del tamaño de tu cabeza, y es un lugar bullicioso, lleno de brillos y previsible, exento de ironía y sin garra. Con todo, a veces encuentro que estos rasgos son realmente atractivos.

Shibuya ofrece muchas posibilidades de diversión urbana. Puedes alargar la tarde en Tokyo Hands o en Loft, una enorme tienda de decoración de inagotable atractivo, pero llegar a Shibuya al caer la tarde, o ya de noche, ofrece algo espectacular: una energía febril imbatible cuando las luces de neón comienzan a encenderse sobre el fondo oscuro, abren los bares y la gente se agolpa en la calle con ambiente de carnaval. Da la impresión de que no pueden disimular la emoción que les embarga al salir de marcha todos juntos.

Naturalmente, el hecho de que el Shibuya Kool-aid sea mundialmente conocido tiene sus consecuencias. Shibuya ya era una locura, objetivamente, y estaba más concurrido de lo imaginable hace veinte años, cuando uno se podía sentar a mirar famoso cruce y observar a 3000 personas caminando por la carretera cada vez que cambiaban las luces. Ahora ha crecido exponencialmente, y el cruce se ha convertido en un punto tan «instagrameable» que es difícil transitar por él debido a la cantidad de gente que se congrega allí tratando de conseguir un reportaje de moda cada vez que cambia el semáforo. Shibuya también es uno de los pocos lugares donde he visto lo que solo puede clasificarse como «restaurante para turistas»: un establecimiento carísimo con mala comida y un personal de lo más borde en una localización de primera, lo que en Tokio es un fenómeno desconocido. La afluencia de gente ha tenido otras consecuencias: este año en Halloween, una noche en que Shibuya solía convertirse en una fiesta de disfraces no oficial, las calles se quedaron desiertas debido a una serie de drásticas restricciones impuestas por el gobierno local. Había por todas partes señales y carteles informando que estaba prohibido beber en la calle en esa fecha y recordando a la gente que Shibuya no es un basurero ni un punto de encuentros sexuales, lo que parece bastante razonable. Todo esto te hará preguntarte por qué, entonces, es uno de los primeros sitios a los que debes ir cuando llegues... Bien, a pesar de los turistas, los *instagrammers*, y el exceso demente de todo en general, tienes que ir y verlo.

Si Shibuya te suena a la típica experiencia que te va a provocar una migraña, lo cual siento pero también comprendo, puedes ir caminando desde Daikanyama hasta Nakameguro o Ebisu. Cabe la posibilidad de que tu visita coincida con la floración de los cerezos, en cuyo caso no hay nada que iguale a la avenida que bordea el Meguro-Gawa, el río que discurre por Nakameguro. Las ramas floridas, que recuerdan a una nube, se reflejan en el agua y se iluminan con tiras de farolillos. Los restaurantes de la orilla instalan plataformas con mesas en el exterior para contemplar el fenómeno, y los puestos callejeros venden cerveza, comida y cócteles con nombres relacionados con la floración de los cerezos y cosas por el estilo. Nakameguro, como tantos otros lugares de Tokio (por ejemplo, me viene a la cabeza el Yoyogi Uehara: elegante, acogedor y encantador), puede parecer apacible y residencial, pero no demasiado animado. Y luego te das cuenta de que hay un restaurante en un tercer piso, o un bar en un sótano, escondido entre unos cuantos edificios, y que aunque las calles están tranquilas, tan pronto como abres una puerta para entrar a estos lugares, ves que la vida bulle dentro.

Ebisu es un punto mucho más típico; de la estación salen huestes de personas aún de traje, procedentes del trabajo, y en cualquier momento, sin volver la cabeza, podrás ver al menos ocho lugares diferentes donde comer. Si Shibuya es el patio del recreo de los adolescentes, Ebisu, igual que Akasaka, es uno de los muchos lugares conocidos para tomar una copa después del trabajo o para citarte con alguien. Creo que Tokio ha sido siempre famosa por ser muy cara, pero lo cierto es que hay un abanico de precios muy amplio para comer y beber en toda la ciudad, y es fácil comer muy bien sin gastar mucho. Por otra parte, la factura está muy clara y no hay que dar propina. El único extra ocasional es el otoshi: una especie de aperitivo obligatorio que te ponen con la primera bebida que pides, y que puede ser un bocado de pescado marinado en miso o una ración de edamame. A mí han llegado a ponerme, como otoshi, un cuarto de repollo en un plato: al principio no pensé que fuera aquello lo que más me apetecía tomar con la cerveza; pero, cuando lo mojé en la salsa de sésamo que llevaba para acompañar, resultó que estaba delicioso.

Una vez más te he escrito el correo más largo del mundo. No sé si me creerías si te dijera que en general no soy una persona muy habladora. Kyoko me ha dicho más de una vez que le parece que soy muy reservado. Y yo me pregunto qué diría si leyera este correo. Creo que no he disimulado en absoluto mi exceso de entusiasmo.

Tsubasa

Jueves, 21 de marzo, Londres, 21:16 horas
De: annabanana@gmail.com Para: ikemototsubasa@cybermail.jp

1. ¿Sabes que lo único que he hecho desde que llegué a casa del trabajo ha sido leer una y otra vez tu correo y buscar en Google Maps todos los sitios de los que

hablas en él? Si es posible emocionarse en exceso por un viaje, yo lo estoy.

2. ¿Hay algo que quieras mandarme de deberes? No sé, leer una novela o ver una película en concreto...
3. ¿Has utilizado la expresión «como si el mundo fuera tuyo»?

Viernes, 22 de marzo, Tokio, 22:43 horas
De: ikemototsubasa@cybermail.jp Para: annabanana@gmail.com

Hay muchos libros que me encantaría recomendarte. Demasiados, de hecho. Así que aquí tienes los que puedes encontrar en inglés y que, en mi opinión, contienen la esencia de Tokio o de Japón. Ni que decir tiene que esta es una lista de preferencias personales, y en modo alguno exhaustiva:

El cielo es azul, la tierra blanca, de Hiromi Kawakami. Es la historia de amor de una mujer que coincide habitualmente con su viejo profesor en un discreto bar. Yo disfruté especialmente las descripciones de Tokio que ofrece y el modo, potente pero sutil, en que se desarrolla la relación.

El gato que venía del cielo, de Takashi Hiraide.
Trata de una pareja que adopta un gato que entra de pronto en sus vidas. La acción se desarrolla a finales de los años ochenta del siglo xx, y me pareció un libro muy poético que hace pensar en los cambios y en cómo vivimos.

La fórmula preferida del profesor, de Yoko Ogawa. Una diligente ama de llaves es contratada para cuidar de un brillante profesor de matemáticas que sufre pérdidas de memoria; el libro narra el devenir de la relación que ella y su hijo mantienen con el profesor y con las matemáticas, y por ende con la vida misma. Los libros de ficción con temas matemáticos no son mi lectura habitual, pero este es realmente bello.

Estoy dudando si añadir *La dependienta*, de Sayaka. Murata, o *Pechos y huevos*, de Mieko Kawakami, incluso la obra de Haruki Murakami. El motivo de mis dudas es este: he disfrutado de estos libros, de algunos incluso mucho (entre otras cosas, *La dependienta* me pareció divertidísimo), de otros con reservas, pero me da la impresión de que hay cierta... no sé, oscuridad, o extrañeza, que cada vez se asocia más con Japón en los medios de comunicación y está adquiriendo dimensiones globales. No hay duda de que la oscuridad y la extrañeza es inherente a nuestra cultura, del mismo modo que Jack el Destripador y las estadísticas de crímenes con arma blanca forman parte de Inglaterra. Pero eso no es todo: para muchos de nosotros ni siquiera es una parte significativa de nuestra cultura.

Hay también muchas películas japonesas maravillosas. Las más antiguas te serán familiares, como las de Akira Kurosawa (*Los siete samuráis*, *La fortaleza escondida*, *Rashomon*), Juzo Itami (*Tampopo*) o Yasujiro Ozu (*Tokyo Story*). ¿Sabías, por cierto, que *Los siete samuráis* y *La fortaleza escondida* le sirvieron a George Lucas de inspiración para *La guerra de las galaxias*? Otras películas que me han gustado mucho son estas:

Still Walking (*Caminando*) dirigida por Hirokazu Kore-eda.
Cuenta un día en que una familia se reúne por el aniversario de la muerte de un hermano muy querido. Las relaciones familiares están perfectamente retratadas, hasta tal punto que yo me siento como si pasara un día en casa de mis abuelos, con todas las emociones que ello conlleva: amor, nostalgia, tensión, frustración e hilaridad. Me doy cuenta de que estaba a punto de recomendarte *De tal padre, tal hijo* (sobre dos niños que son intercambiados al nacer), *Nuestra hermana pequeña* (un verano en Kamakura cuatro hermanas se reúnen y se empiezan a conocer mejor), *Makanai: la cocinera de las maiko* (una serie de televisión sobre una geisha de Kioto) y otras muchas obras de Kore-eda: tal vez se puede afirmar que si las dirige él serán excelentes. Aunque debo decir que yo, personalmente, prefiero las películas donde la gente come cosas deliciosas y tiene relaciones sutiles maravillosas antes que las películas más oscuras.

Despedidas, dirigida por Yojiro Takita.
Un músico se queda sin empleo cuando se separa su banda, y acaba trabajando de enterrador. Es una película muy didáctica sobre las normas y reacciones sociales, y también sobre las distintas actitudes frente a la muerte. Pero lo más importante de todo es que da que pensar y es realmente cautivadora.

Your Name, dirigida por Makoto Shinkai.
He pensado si incluía esta o no, porque seguramente te parecerá una elección muy loca, pero creo que

estaremos de acuerdo en que una lista de películas favoritas sin una de manga estaría incompleta. Te sugiero que la veas con subtítulos en inglés, y no doblada: las voces en inglés están muy altas y resultan estridentes. Es una historia de intercambio de cuerpos entre una chica y un chico adolescentes que viven en distintos momentos y localizaciones geográficas (tampoco es el tipo de historia que prefiero habitualmente), pero me encanta cómo han captado Tokio en esta película en concreto (reconocerás el mirador de Roppongi Hills) y, en definitiva, disfruté mucho la naturaleza atrevida y excéntrica de la historia y la sensación que la película trataba de transmitir.

Jiro sueña con sushi, dirigida por David Gelb.
Es una película documental sobre Jiro Ono, el propietario del primer restaurante de Sushi que ganó una estrella Michelin. Creo que es una reflexión muy elegante sobre la importancia de valores como el esfuerzo, la dedicación, la paciencia y la obsesión. Siento curiosidad por saber qué te parece.

Mi investigación me ha mostrado que las plataformas globales, como Netflix, ahora tienen disponibles muchos productos japoneses. A Kyoko le encanta ver *Terrace House*, un *reality* en el que seis personas viven juntas en una casa y un panel de comentaristas miran lo que hacen. Al principio, cuando me puse a verla con ella, me pareció terriblemente lenta. Ahora pienso que tiene su encanto y, cuando escuchas a los comentaristas analizar lo que pasa (en general sus apreciaciones suelen errar por exceso de generosidad, y son siempre entusiastas y ocurrentes), resulta adictiva. Como persona que no vive en Tokio, quizás te guste ver las localizaciones que aparecen en ella.

Y no hace falta mencionar las películas de Ghibli, todas ellas. Supongo que las habrás visto. Pero siempre puedes volver a verlas.

Me estoy dando cuenta de que es altamente improbable, de hecho, que tengas tiempo de leer todos estos libros o ver todas estas películas antes de venir. Pero creo que es una lista a la que puedes recurrir en cualquier momento si quieres escoger algo. Y, obviamente, es la punta del *iceberg*.

Con mis mejores deseos,
Tsubasa

Jueves, 4 de abril, Tokio, 11:14 horas
De: annabanana@gmail.com Para: mia.haseda@milburneschool.edu

Querida Mia:

¡¡¡AQUÍ ESTOY!!! ¡¡¡EN TOKIO!!! En el vestíbulo del hotel, entre reunión y reunión y, aunque tendría que estar escribiendo actas o memorandos, lo cierto es que mantenerme despierta ya es todo un logro, y eso a pesar de que me he tomado cuatro litros de café, ¿no crees?

¿Sabes lo más extraño? Recuerdo este olor. Y eso es superraro, la verdad. Es como... un olor a jabón de lavar, ese olor cálido de la piel limpia. Quién iba a pensar que lo recordaba. Para empezar, él estuvo bastante normal ayer: me saludó con una inclinación de cabeza, aunque terminó dándome un abrazo casi sin proponérselo (por suerte para entonces ya estábamos un poco bebidos, pero aun así pensé que se iba a caer del susto) y fue como esa oleada emocional y volver a tener… no sé, o seis o diecisiete años. Una experiencia surrealista.

DE TODOS MODOS, siento mucho no haberte escrito en el segundo exacto en que aterricé, pero este mensaje te llega desde el soleado Tokio en menos de veinticuatro horas, que no está mal. Y es que el sol brilla hoy, tanto que me hizo daño a los ojos la primera vez que salí. Tsubasa dice que es completamente normal, que si Tokio tuviera un lema sería «ganbatte», que significa básicamente «prueba hasta que te sangren los ojos», o eso dice él. Y que esa es la razón por la que aquí todo es perfecto, pero también sucede que la gente se muere de estrés. El sol, dice también, es una cosa «ganbáttica».

Ayer por la tarde, cuando llegué, llevaba casi treinta horas sin dormir (no pude dormir en el vuelo, no pude dormir en la escala… en fin), y todas las superficies rectas que miraba las veía onduladas. Tsubasa dice que hasta no hace mucho todas las señales que hay repartidas por Tokio estaban aún en japonés, y que todo era un poco *Lost in Translation*, como aterrizar en un planeta lejano. No recuerdo nada que no fuese japonés en Tokio cuando éramos pequeñas, ¿y tú? Bueno, la verdad es que tú entraste en Narita y allí te bombardearon con instrucciones en inglés, chino, coreano, vietnamita, francés, ruso… Acorralada entre tanto oficial de guante blanco y rodeada por una babel de centenares de turistas desquiciados, víctimas del desfase horario. En el aeropuerto compré una tarjeta SIM, porque me lo dijo Tsubasa (primero intenté comprar una en una máquina expendedora de tarjetas SIM, pero mi cerebro no funcionaba, así que al final fui, andando sonámbula, hasta un mostrador donde había una señora encantadora que me lo resolvió todo por 500 yenes más...) y cogí el tren de Narita a Ueno, directo, tal y como indicaban un montón de paneles informativos llenos de signos de exclamación y de dibujos de cómic. Me alojo en un hotel APA para gente de negocios que está cerca de la estación, en una habitación que tiene como un pie más de superficie que la cama doble que tengo yo en casa. Pero el espacio está aprovechado hasta la última pulgada, está todo muy limpio y tiene una ventana que ocupa toda la pared de la habitación, por la que puedo ver Tokio llena de luces, como una invitación a salir y perderse en la noche, y a entrar en la mañana clara llena de energía.

Empezó a llover mientras estaba en el tren que cogí en Narita y, aunque no hacía tanto tiempo que no venía, no sé si será porque tras intercambiar varios correos con Tsubasa estaba muy emocionada con Tokio, pero cuando salí de la estación de Ueno me sentía como si entrara en un universo paralelo. Las aceras bullían de gente en bicicleta con enormes paraguas transparentes; las bicicletas eran un arco iris, una especie de caramelo de

❝ Pero cuando salí de la estación de Ueno me sentía como si entrara en un universo paralelo ❞

colores, muchas de ellas con niños sentados en la parte trasera o delantera, perfectamente abrigados y protegidos de la lluvia con impermeables transparentes, en unos asientos envolventes y sus madres (por lo que vi, todo eran madres) con esos sombreros de lluvia de ala ancha y gabardinas que les llegaban hasta los pies. Tenía un recuerdo tan nítido de ir metida en un asiento de esos, del tamaño exacto para acomodarme en él y de quedarme dormida con la lluvia y las luces de la calle fuera, todo borroso, y el ritmo suave de la bicicleta... ¿Tú lo recuerdas? Yo no me había acordado nunca, hasta anoche. La gente caminaba a toda prisa con sus paraguas, y los limpiaparabrisas de los coches se movían enloquecidos; los trenes resonaban en las vías de la planta superior y debía de ser todo un completo caos, pero la verdad es que parecía ordenado y sereno, como si todo el mundo supiera adónde iba y qué hacía. Ya sabes que algunas ciudades exudan esa furia de la prisa, del «sálvese quien pueda», en cuanto pones un pie en la calle. Pero aquí no sucedía eso, en absoluto.

En la calle que lleva al hotel había algunas obras, de poca importancia, y su entorno estaba iluminado de tal forma que parecía una carroza en un festival, con un cartel luminoso en la trasera que mostraba la cara sonriente de un encargado de seguridad. Las rampas, señalizadas con cinta reflectante, ayudaban a ciclistas y peatones a salvar el obstáculo, y había también cinco (¡CINCO!) guardias con uniforme y casco indicando el camino a la gente, haciendo reverencias y pidiendo disculpas por las molestias. Tenían también algunos bastones luminosos que parecían sables láser, y todo un repertorio de señales que hacían, moviendo los brazos, a coches y peatones con la concentración y la elegancia de una coreografía de *ballet* clásico. Ni que decir tiene que los trabajos de construcción no paran ni de noche ni de día. La dedicación a todo lo relativo a la seguridad y la eficiencia es tan sublime que me deja sin palabras (vale, no *literalmente*).

Tsubasa iba a ir a buscarme a Narita, pero no pudo salir a tiempo del trabajo. Yo en cierto modo me alegré, porque pensé que lo que necesitaba era llegar al hotel y derrumbarme, pero parece que no había tenido en cuenta que Hipertokio iba a atraerme con sus cantos de sirena hacia el neón y la priva. Así que tiré la maleta, me duché, y salí prácticamente del tirón: por fortuna la adrenalina me sirvió de combustible, porque si no el sistema de metro habría acabado conmigo. Pensé que estaba la JR (Japan Rail), que es la red de trenes y el Metro de Tokio, y que hay estaciones de una y otra red que coinciden, mientras en otras ocasiones están separadas y tienes que ir andando de una a otra si quieres cambiar de red. Qué inocencia la mía. Pues resulta que además de la JR, hay más de nueve compañías diferentes de metro (Metro de Tokio es solo una de ellas), que no tienen nada que ver con el Monorail ni con la Línea de Yurikamome. Quizás no debiera sorprenderme que algunos de los transbordos sean una puñetera locura: kilómetros y kilómetros de túneles y escaleras, mecánicas o no. Además, en las ventanillas de venta de billetes solo se muestra una parte del plano del metro, de manera que nunca tienes una visión general (ya imagino que es por la limitación de espacio), y los precios varían en función de la ruta y la compañía de transportes con la que viajas. Así que, si miras el precio que hay escrito en el mapa, bajo el nombre de la estación a la que quieres ir, te das cuenta de que ese precio ni siquiera aparece como opción en la máquina de billetes en la que te encuentras, y tienes detrás a diecisiete personas, muy corteses pero con mucha prisa, que quieren seguir con su vida. Es muy relajante. Lo bueno es que, si la jodes (algo inevitable), hay máquinas donde puedes ajustar el precio, de modo que, cuando metes el billete al llegar a tu destino y las barreras se cierran de golpe, todos los que van detrás de ti se empiezan a apilar en tu chepa (muy relajante, también), lo único que tienes que hacer es meter el billete en la máquina que te ajustará el precio y pagar la diferencia. Entonces la máquina te da un billete nuevo. Nadie te grita por liarla, no hay amenazas, ni multas. No es más que un problema, y se soluciona. Por otra parte, resulta muy molona la forma en que se abren las barreras, con toda facilidad, hasta que vuelves a joderla porque el billete que llevas no es el correcto o porque no lo has metido en la máquina: en ese momento se cierran de golpe y ahí te quedas, con tu humillación. A mí me parece que esto es la metáfora de algo, ¿no crees?

Ayer, cuando iba de camino a ver a Tsubasa, resultó que no podía hacer el ajuste porque había comprado un billete de otra compañía que no tenía nada que ver. Pero el hombre con gorra de visera que estaba en la oficina de la estación fue muy agradable y, con toda amabilidad, me devolvió mis 130 yenes (en monedas, lo que me pareció extrañamente conmovedor), y me dijo dónde podía comprar un billete nuevo. Ya sé que no es exactamente ciencia aeroespacial, pero hace que las cosas funcionen bien, mientras en otras megalópolis en las que he estado la gente se impacienta y se irrita, te pasa por encima, y toda la ciudad parece estar esperando el momento de gritarte o hacerte pedazos, ¡¡no iban ellos a tomarse el tiempo de devolverte una cantidad inferior a un euro (o a una libra o un dólar) por tu billete y ayudarte a seguir tu camino!! Esto es tan civilizado, y se percibe tanta amabilidad que, sinceramente, cuando el hombre me devolvió el dinero y me sonrió, se me saltaron las lágrimas. Lo que me hizo preguntarme qué estaba haciendo yo mal, hasta que recordé que era el *jet lag* (aunque la terrible verdad es que esa actitud podría haber ablandado a mi verdadero yo londinense, cínico e implacable, sin *jet lag* de por medio).

Naturalmente, en cuanto se lo conté, Tsubasa me explicó que podría haberme ahorrado toda la pesadilla de las máquinas de billetes, que es mucho más sencillo comprar una tarjeta de transporte (aquí se llama Suika, que significa «sandía» —¿no te parece adorable?—, o Pasmo), que puedes recargar como si el mundo fuera tuyo. ¿Qué te parece esto de «como si el mundo fuera tuyo»? Tsubasa está haciendo que aumente mi vocabulario.

Total, que después de esta odisea salí en Ginza. En la estación parecía haber una revuelta: un grupo de gente que acosaba a todo el que pasaba, gritando con todas sus fuerzas. Pero no: resultó ser una promoción, y lo que hacían era repartir muestras gratis de un tipo nuevo de galleta de arroz. Y la verdad es que estaban riquísimas. Me encantaría recordar el japonés. Cuando llegué a Ginza, bañaba la zona una especie de resplandor dorado, y la amplia avenida parecía extenderse todo lo que me daba la vista, con sus elegantes tiendas una tras otra. ¿Recuerdas cuando éramos pequeñas y hacíamos dibujos de nuestra ciudad soñada, y cada uno de los edificios que dibujábamos estaba dedicado específicamente a una cosa? El edificio de la piscina tenía cataratas por un lado, y las casas de té tenían forma de *cupcake*, o lo que fuese. Bien, pues Tokio no tiene cafés con forma de *cupcake* (o quizá sí los tenga, en algún lado), pero la arquitectura de Ginza me recordó eso. Es como... No sé: el edificio de Nissan, por ejemplo, parece estar hecho como un tapete de blonda, y el Tokyu Plaza como un pedazo de cristal roto o la empresa de perlas Mikimoto, que es ese bloque alto y blanco que parece estar cuajado de joyas (que son, en realidad, ventanas con formas aleatorias y vidrios coloreados); o el edificio Fendi, con plantas y plantas de arcos de cristal como si al Coliseo de Roma le hubieran hecho una reforma para darle un toque contemporáneo.

Como llegué un poco pronto, me puse a mirar artículos de papelería, algo que me pone en trance incluso ahora, y que me habría vuelto loca cuando tenía doce años, y eché un vistazo a los wagashi (esos deliciosos dulces tradicionales japoneses), que venden con curiosas formas, tan intricadas que no logro imaginar quién se atreve a comérselos; pasé por bares de fruta, donde un montón de mujeres maravillosamente vestidas degustaban unos helados que parecían cuencos de canicas de cristal tallado. ¡Ay, Dios! ¡Si hasta tuve tiempo de entrar en Hakuhinkan! ¿Por qué nunca fuimos allí de niñas? Seis pisos atestados de juguetes, con una pista de carreras para coches que se manejan por control remoto en la última planta. Yo me habría *muerto*.

Finalmente, paré en el depachika (el sótano de los grandes almacenes) de los icónicos almacenes Mitsukoshi. El aspecto: elegancia de la antigua escuela, con sus lámparas de araña talladas en la fachada. Ay, Dios, Mia. Era como estar en una joyería de lo más exclusiva, pero donde vendían *comida*, la más deliciosa que puedas imaginarte: tempura, makis perfectamente redondos en cajas de bambú lacadas, bollitos, pasteles, vino, licor, queso, fruta, dulces japoneses, postres occidentales, chocolates artesanos pintados y decorados como si fueran miniaturas. Podría volver allí una y otra vez: era el *paraíso* de la comida. Tenían incluso taquillas frigoríficas, por si querías comprar lo que fuera y dejarlo allí mientras ibas a hacer otras cosas importantes que tenga uno que hacer en Ginza.

«Era como estar en una joyería de lo más exclusiva, pero donde vendían *comida*, la más deliciosa que puedas imaginarte»

Estaba tan ocupada comiendo con los ojos que (a) terminé por no comer nada y (b) había quedado con Tsubasa y se me iba a hacer tarde, aunque al final llegué antes de tiempo. Corrí a la planta superior para esperarle junto a la estatua del león, en la puerta de Mitsukoshi, tal como me había dicho él: al parecer, cuando quedas con alguien, las indicaciones tienen que ser superespecíficas. Y eso que la estación de Ginza no es la peor, porque solo tiene 33 salidas, pero hay otras, como por ejemplo Shinjuku, que tienen más de 200. Así que quedar en la estación, la mayoría de las veces, no es suficiente.

Había olvidado lo guapo que es. ¿Tú le recuerdas como un tío bueno? Quiero decir... A ver, que él tenía seis años la última vez que le viste. Su inglés es tan formal en los correos (y tan correcto) que me dio la vaga impresión de que él también sería excesivamente formal. Pero en persona la verdad es que es un tipo seguro de sí y muy divertido, y, cuando se pone en serio con alguna cosa y me meto con él, se sonroja y me parece monísimo.

En fin, que fuimos a Ginza Corridor, donde hay un montón de sitios para tomar algo (bebida y comida) instalados en los arcos, debajo de las vías. Se puede ver a los cocineros con sus gorros blancos preparando udon en superficies blancas de harina o doblando gyozas de bajillion, en un restaurante muy moderno con cocina abierta y estrellas Michelin, o meterte con calzador en una cervecería atestada donde el camarero pone la cerveza sobre la mesa con tal brío que la derrama toda... Puedes escoger. Fuimos primero a un bar sin mesas, donde todo el mundo iba de traje a la salida del trabajo («oficinatas»... ¿No te parece una palabra fantástica? Aunque pregunté a Tsubasa cuál era el equivalente femenino, porque creo que esa palabra, aplicada a una mujer, parece que no suena igual), y el escándalo iba subiendo de decibelios. Luego avanzamos, siguiendo la vía, y los bares se iban volviendo más pequeños y desastrados, y Tsubasa dijo que estábamos saliendo de Ginza (que es más pijo) y entrando en Shimbashi (más costumbrista y quizá más acogedor). Fuimos a ese sitio donde preparan shabu-shabu, te ponen en la mesa una olla de caldo hirviendo y unos platos con carne cortada muy fina y montoncitos de verduras (setas pequeñitas, muy ricas, con tallo fino y repollo y brotes de judía en abundancia) para cocinarlas en el caldo. Luego se moja la carne en alguna de las salsas: una de sésamo, muy intensa, o un ponzu agrio muy penetrante. Al final vienen los camareros y preparan una especie de sopa con el caldo que sobra, que se toma con arroz blanco humeante. Una DE-LI-CIA.

Toda la gente que había en el local estaba, al menos, medio curda, o se encontraban tan concentrados en pleno ligue que nadie prestaba atención al delicado protocolo de la mesa. Pero yo tenía a Tsubasa de guía. Así que te voy a escribir aquí todo lo que me dijo, para que cuando vengamos juntas a Tokio (¿cuándo va a ser? ¡No puedo esperar más!) podamos exhibir unos modales impecables.

1. No hay que apuñalar el arroz con los palillos (bueno, ninguna comida). Tsubasa se puso muy pesado con eso: no paraba de repetir que tenía que dejarlos

juntos, apoyados en el cuenco de modo que no se cayeran. Al parecer, apuñalar la comida con los palillos es algo que solo se hace en los funerales, así que ahí está el problema.

2. De igual manera, no se puede pasar la comida de unos palillos a otros, que también se hace en los funerales. Eso es como pasar los *huesos del difunto*, ya que al parecer aquí a la gente la incineran hasta dejarla en los huesos, y no hasta reducirla a cenizas. ¿Verdad que es precioso? Así que no se debe recordar a nadie el asunto de los huesos, y la comida se pasa del plato a los palillos. Fin.
3. No se pone salsa de soja en el arroz. Cuando comes sushi, hay que intentar ponerla solo en el pescado, y no en el arroz.
4. Hay que comerse todo el arroz. Hasta-el-último-grano. ¿Recuerdas al sensei de la escuela, que siempre lo decía a la hora de comer? Eso de que los campesinos trabajaban muy duro para cosechar el arroz... Pues hay que mostrar agradecimiento y no desperdiciarlo.
5. Es correcto coger los cuencos (de arroz, de sopa de miso, de *noodles*, de lo que sea) y sostenerlos en las manos para facilitar las cosas. También está bien beber el caldo y sorber los *noodles*, la sopa, etc., directamente del cuenco. Hay incluso una costumbre de llenarse la boca a tope que se considera encantadora y atractiva, pero es muy sutil y seguro que yo no lo he captado bien, así que por ahora me voy a ceñir a la costumbre de comer con la boca cerrada y de coger solo pequeños bocados.

6. Siempre te dan una servilleta húmeda para que te limpies las manos al empezar a comer. Incluso aunque te las acabes de lavar. Si no la utilizas quedarás como un salvaje. Los lugares más clásicos tienen toallas calientes; los más modernos tienen toallitas desechables en sobres de plástico que te hacen plantearte todo lo del desperdicio y los residuos de materiales, etc. Si entramos en el tema del uso excesivo de plástico en Tokio, no acabamos nunca. Nunca.
7. No se deja propina.
8. Cuando quieras pedir la cuenta puedes decir «Okaikei onegaishimasu».
9. En un mundo ideal se empiezan las comidas diciendo «itadakimasu», que quiere decir más o menos «¡qué bueno todo esto, vamos a comer!». Luego entrelazas las manos e inclinas la cabeza si quieres mostrarte cortés.
10. Al final se dice «gochisousamadeshita» («Gracias, ha sido un festín»). Y entrelazas las manos e inclinas la cabeza.

Y ENTONCES, cuando íbamos a regresar a casa y Tsubasa me acompañaba a Ginza a coger el tren, decidimos de pronto que teníamos que tomarnos la última, porque hacía más de dos décadas que no nos veíamos (si olvidábamos, convenientemente, aquel morreo tan incómodo que se produjo en algún momento). Primero pasamos por Kabukiza, el enorme teatro donde representan kabuki durante todo el año. Es realmente sorprendente este edificio de la ópera tradicional con tejados de pagoda y barandillas con farolillos rojos y banderines tradicionales, con gigantescos bloques modernos de oficinas como telón de fondo. Tsubasa me dijo que hay también un teatro Noh, el Kanze Noh Theater, en el sótano del complejo Ginza Six: ¿no te parece una maravilla que haya tantas tiendas modernas y caras y, debajo, un teatro tradicional? Cuando le pregunté, me explicó que el Noh es un arte del siglo XIV que se representa con máscaras. Al parecer una representación puede durar un día entero, y cree que se basa en «la abstracción, el refinamiento y la insinuación». Le dije que tal vez necesitara yo algo de tiempo para asimilar esto. De todos modos, después de ver los carteles de las estrellas del kabuki con sus kimonos, ese maquillaje y la piel pintada de blanco (los actores del kabuki no llevan máscaras, pero sí un maquillaje que hace que parezca que las llevan), tomamos una calle lateral y luego un ascensor que había en un pasillo junto a una tienda de pañuelos, y terminamos en un garito diminuto y mal iluminado donde tomamos los martinis más perfectos, helados y aceitunados que hayas visto en tu vida. Bueno, tú no, porque a ti te parece que el Martini sabe a meada de gato, pero te prometo que eran deliciosos. Nos quedamos allí mucho tiempo, probablemente mucho más del estrictamente necesario un miércoles por la noche. Pero no va a ser todo estrictamente necesario, ¿verdad?

Me doy cuenta de que este ha sido un correo completamente de locos. Ya sé que me dijiste que te contara cosas de Tokio, pero seguramente no te referías a una guía minutada al dedillo. ¿Te das cuenta de que solo he cubierto, hasta ahora, las seis primeras horas de mi estancia? Es estupendo que seas mi hermana y por tanto no puedas renegar de mí por escribirte correos demasiado largos. O lo puedes intentar, pero seguirías vinculada genéticamente a mí aunque llegaras a los ciento diez años. Pobrecita de ti. Xxxxx.

Lunes, 8 de abril, Tokio, 10:12 horas
De: annabanana@gmail.com Para: mia.haseda@milburneschool.edu

MIA: trabajé *un poco*. El jueves, después de escribirte ese correo, fui a unas cuantas reuniones y luego tuve una cena con un cliente en un restaurante especializado en tempura del centro de la ciudad. Después de la cena fuimos al bar que hay en lo alto del Aman, y que podría haber resultado extraordinariamente entretenido y deslumbrante pero en realidad no era más que un dechado de tecnología. Si lo piensas un poco, mi trabajo como compradora es encontrar productos bellos, así que aunque a otras personas pudiera parecerles que lo único que estaba haciendo allí era corriendo la zapatilla por Tokio, en realidad en esos momentos también estoy trabajando. Y, de todos modos, ¿por qué te preocupas tanto de si trabajo o no? ¿Te has convertido en la tía Eileen?

En fin, de todos modos te gustará saber que voy a obviar esa actitud tuya de seriedad y preocupación y me voy a centrar en el resto de tu mensaje, donde quieres que te cuente más cosas de Tokio. (Tsubasa... No, no hemos conectado, la verdad. No va por ahí la cosa. Somos dos amigos de la infancia, y da la casualidad de que físicamente me parece un sueño de tío y cada quince minutos me acuerdo de la vez aquella en que nos besamos, siendo adolescentes. ¡QUE NO! Ni se me pasa por la cabeza una cosa así.)

Pues Ueno es un sitio perfecto para quedarse: tiene una ubicación muy cómoda y hay mucho ambiente. Yo me alojo justo al lado del parque Ueno, que es inmenso; allí hay un mercadillo callejero animadísimo, Ameyokocho, donde puedes encontrar todo lo que busques (¿pescado fresco, bragas con estampados de anime? Allí hay de todo.) Tsubasa me dijo que decir que Ueno es como un sitio encantado es una frase típica de conversación superficial, como decir que hace buen día hoy. Pero estuvo bien. Al parecer, en la zona oriental hay gran cantidad de tumbas no consagradas, fosas comunes donde se enterraba a la gente en el sangriento período Edo, cuando aparte de los desastres naturales se produjeron varios levantamientos de samuráis y suicidios rituales o matanzas de honor, lo que contribuyó enormemente a incrementar la tasa de defunciones. Dijo que se pueden hacer recorridos que dan bastante miedo por esa zona, y por Asakusa también. Tengo cero dudas de que serán aterradores (ya sabemos que a Japón se le da bien el terror: solo la carátula de *El grito* bastó para aterrorizarme de por vida), pero hay muchas leyendas japonesas de fantasmas que son relativamente inocuas y muy interesantes, como las llamadas tanuki, que he visto al salir de muchos restaurantes y que están en la película esa de Ghibli, *Pom Poko*. Son mapaches con testículos gigantescos que se pueden estirar para formar todo tipo de figuras: armas, bolsas, paracaídas... Y también pueden convertirse en ollas para cocinar, si hace falta, ¿por qué no? Fuera de los locales de comida también se puede encontrar el llamado duende kappa, una criatura que se asemeja a una rana o una tortuga con un plato en la cabeza y un cuenco en el lomo que siempre gasta bromas pesadas, y de donde obtiene su nombre el kappa-maki, el rollo de sushi de pepino, porque el pepino es la comida favorita de esta criatura. Yo diría que es todo muy raro, etc., etc., pero es que nosotras venimos de un continente donde se cuenta que hay hombres que se convierten en lobo las noches de luna llena y mujeres pájaro que cantan a la gente hasta que muere, así que cualquiera dice nada, ¿no te parece?

“Son mapaches con testículos gigantescos que se pueden estirar para formar todo tipo de figuras”

Tokio se ha conducido de un modo muy teatral: el miércoles, cuando llegué, toda la ciudad estaba llena de ramitas. Y el jueves por la tarde, mientras estaba en las reuniones, florecieron de pronto todos los cerezos; cuando salí, la ciudad entera estaba engalanada como para el *ballet*, cubierta de nubes rosas de tul y de entusiasmo. Es un comienzo de la primavera de lo más teatral. Tsubasa me dijo que la semana anterior los obreros, subidos en escaleras, se dispusieron a iluminar las avenidas de cerezos, preparándolas para el momento de la floración. ¿No te parece maravilloso? Es como si toda la ciudad se preparase para una fiesta, y la naturaleza es quien decide cuándo empieza. Así que he estado desayunando en el parque Ueno, admirando los cerezos en flor, mirando el Tokyo Skytree que apunta al cielo allá al fondo, paseando por el borde del enorme lago cubierto de lotos y escuchando a los músicos callejeros que tocan allí. Es una locura lo buenos que son. Había un cuarteto que sonaría ideal en un auditorio, y un dúo increíble, tocando calipso con timbales. Y esto me lleva, supongo, dado que todos los niños japoneses son buenísimos en música, a cuando éramos pequeñas: yo era con diferencia la peor pianista del colegio (en la vida me he sentido más imbécil que en los recitales de piano del colegio) y, cuando nos mudamos a Londres, era la mejor, y no quiero dármelas de nada. Fue un cambio muy agradable. El asunto es que hasta los músicos callejeros, que supuestamente son personas que no han llegado a ser profesionales (o tal vez sí, y disfrutan de tocar en la calle de vez en cuando), están a otro nivel.

En el parque Ueno pasan tantas cosas a la vez que cuesta creerlo: allí están, además, el Museo de Arte Metropolitano; el Museo Nacional de Tokio, lleno de arte y de antigüedades; el Museo Nacional de Arte Occidental; el Museo Nacional de Ciencia y Naturaleza, y el Museo Real de Ueno. Ah, y también hay un zoo. Básicamente, como visitante del parque, apenas te das cuenta de todo esto porque el parque en sí es inmenso: tiene 300 acres de extensión, por lo que parece. Mi parte favorita son los templos: hay pequeños santuarios cerca de la entrada con pequeños senderos con puertas tori y una gran pagoda, muy alta, la de Bentendo, cuya superficie está cubierta de puestos de comida y llena de una atmósfera de festival que también se debe a la floración de los cerezos. Hay un templo, el Kiyomizu Kannon-do, que es parecido al de Kiyomizudera, en Kioto, el templo con la gigantesca barandilla de madera que se extiende por toda la colina. La balconada, pintada de rojo, del Kannon-do se asoma a un pino cuyas ramas forman un círculo perfecto. Lo llaman «el pino de la luna» y es tan viejo que se puede ver en el famoso ukiyo-e *One Hundred Famous Views of Edo*. Sí, he cogido uno de los folletos informativos del templo, naturalmente. Ukiyo-e se llaman esos estampados que se imprimen con bloques de madera, como el famoso cuadro de Hokusai, *La gran ola*. El folleto dice que los ukiyo-e son, probablemente, los primeros manga. Mola un montón, ¿verdad? Y también es impresionante ver un árbol que es el mismo que alguien dibujó hace siglos. Me encanta la idea.

Los templos y santuarios de Ueno son una buena forma de entrar en Yanaka y Nezu. Dice Tsubasa que si quieres visitar la zona de Nezu lo más cómodo es bajarte en la estación de Nippori, en Nezu o en Sendagi, pero a mí me gusta ir andando desde Ueno. Todo esto es tan bonito, Mia... Todos estos templos y edificios tradicionales de madera... Y todo tan antiguo que cuesta creer que estés en la misma ciudad que, en otros momentos, te provoca una sobrecarga sensorial con sus luces intensas. Si piensas en todos los incendios, en toda la destrucción del período Edo (y de cualquier momento, en realidad) y el Gran Terremoto de Kanto en 1923, que arrasó la mayor parte de Tokio, y los daños, mucho más extensos, que provocaron las bombas en la guerra, es prácticamente un milagro que quede algo antiguo.

Llegas primero a un vecindario con tranquilas calles residenciales, apacible y lleno de vegetación, con todas las casas inmaculadas, macizos de flores cuidadas y las bicicletas aparcadas fuera. Y hay muchos templos. En algunas calles, uno tras otro. Los hay pintados, con muchos adornos: se ven si miras a través de las hortensias; otros modernos, rodeados de enormes jardines, o antiguos de madera, a los que se llega tras franquear unas pesadas puertas de madera con estatuas terroríficas de oni (¿recuerdas esos demonios rugientes de los que hablan tantas canciones infantiles?). El olor del incienso, la densa vegetación y el sonido de los cánticos o el pesado gong de la campana... Parece que este barrio tiene la mayor concentración de templos y santuarios de todo Japón: 117 en total. Yo experimenté la clásica sensación de desesperación por volver allí sin haber abandonado la zona.

“Es prácticamente un milagro que quede algo antiguo”

Terminé en Nezu Jinja más o menos a la hora de comer, y me encontré con algunos obreros de la construcción que se habían sentado en los bancos con su almuerzo. Me obsesionan los uniformes que llevan los obreros de la construcción: pantalones azul marino de lona muy anchos que se ajustan al tobillo, un poco como los de las odaliscas, y a veces esos zapatos que parecen calcetines, con los dedos separados y las suelas de caucho. Nezu Jinja está rodeado de árboles que amortiguan todos los sonidos de alrededor (aunque no se puede decir que Nezu sea un lugar ruidoso, la verdad) y cuando pasas por allí da la impresión de que estás entrando en un oasis oculto. Mi parte favorita fue el santuario de Otome Inari, una pagoda muy pintoresca, blanca y roja, flanqueada por muchos pasillos formados por puertas tori rojas, que parecen rodear un jardín de azaleas.

No muy lejos de allí está Yanaka Ginza, una calle de tiendas de toda la vida, algunas de ellas en funcionamiento desde 1938. Hay tiendas de taiyaki (¿conoces esas pastas con forma de pez, rellenas de judías rojas dulces?), de cerámica, una que vende unos kimonos tan bellos que estuve a punto de dejarme llevar y comprarme uno (pero no: no creo que tenga ocasión en mi vida de ponerme un kimono) y otra, diminuta y con un mostrador de madera, donde venden postres japoneses tradicionales. Los postres japoneses más conocidos son el zenzai, que es un omochi (o pastel de arroz) servido en una especie de sopa dulce hecha de judías rojas, o el amitsu, que puede ser una combinación de casi todo, pero fundamentalmente kanten (pastillas de gelatina de algas) y judías rojas y frutas, tal vez combinadas con un poco de helado de matcha (si no te importa tratar con bastardos, ya que el helado es, claramente, un intruso llegado del extranjero). ¿Habías oído hablar de estos postres tan saludables? ¡Y lo ricos que pueden llegar a estar! Hay también una tienda que vende papel impreso al estilo tradicional —donde el dependiente me dio la fotocopia de un mapa dibujado a mano con todas las tiendas tradicionales de la zona— y otra de tinta en polvo en todos los colores del espectro, y nunca he sentido un deseo más poderoso de poseer algo que necesito aún menos que un kimono. De hecho, ni siquiera sé cómo se usan esas tintas en polvo.

Y no sé si esto es un cliché desmesurado o el resultado de una serendipia alucinante, pero terminé en Yuyake Dan-dan, una escalinata llamada «las escaleras del atardecer» y situada al final de la calle, justamente cuando se estaba poniendo el sol, rosa y lila sobre los viejos edificios y las torres de alta tensión, con un cuervo que graznaba posado en los cables. Y también precisamente en ese instante comenzó a sonar la musiquilla de tannoy... ¿Te acuerdas de eso? A las 5 de la tarde hacen la comprobación de todo el sistema de tannoy de Tokio (bueno, de todo Japón, creo), poniendo una musiquilla. Lo que es flipante es que el tannoy es para avisar de un desastre natural, y todos queremos que funcione bien, pero tiene una consecuencia colateral muy útil: avisar a los niños que están jugando en la calle de la hora que es. Sigue siendo la misma cancioncilla de siempre, y en el momento en que la oí me sentí impulsada a montarme en la bici y volver a casa para la cena. Nunca me aprendí la letra, porque no era más que una cancioncilla que escuchábamos sin más, pero Tsubasa me dijo que es una vieja canción folclórica y que dice algo así:

Puesta de sol, puestecita de sol, el sol ya se pone
Y suena la campana del templo de la montaña

> Todos mano con mano marchémonos a casa
> Los cuervos vuelan también de regreso a casa: vayamos con ellos.

¿No te parece que suena fatal la traducción? Pero lo importante: ¿no te acuerdas de lo nostálgica que era la canción? ¿Por qué siempre me provoca ganas de llorar?

Por suerte, antes de ablandarme demasiado me llegó un mensaje de Tsubasa diciendo que debía de estar muy cansada después de todo el día caminando por ahí con *jet lag*. Estaba a punto de responderle que yo no era su anciana tía, pero resultó que tenía planes para mí. Íbamos a ir a un sento. ¿Te acuerdas de cuando íbamos de pequeñas? ¿A ese que hay al final de la calle? Era lo más divertido del mundo, ¿verdad? El vapor, correr de una bañera a otra, comprobar por turno quién lograba estar más tiempo bajo el agua sin respirar, echar carreras en la bañera de agua fría... Todo lo que se suponía que no debíamos hacer. Así que allí estaba yo, de pie en la escalinata pensando lo mal que quedaría rechazar la propuesta, pero también preguntándome si tendría que quedarme totalmente en pelotas delante de un montón de desconocidos cuando ya es bastante duro intentar no ofender a todo el mundo completamente vestida.

Por fortuna, por una vez en mi vida, experimentar una incomodidad terrible ante la posibilidad de rechazar la invitación resultó la mejor opción. Porque no es cierto en absoluto: aceptar por educación un plan que tiene una pinta horrible al tiempo que sientes la imposibilidad total de cambiar de opinión (justo lo contrario de lo que aconseja la psicología occidental cuando te dicen que es algo totalmente sensato y saludable) me ha proporcionado resultados positivos e interesantes la mayor parte de las veces, en toda mi vida. Cuando se lo dije a Tsubasa, después del baño, me respondió que tenía que deberse al adoctrinamiento japonés de mis primeros años de vida.

Fuimos a LaQua, un complejo gigantesco de *spa* en Korakuen, una zona con mucha oferta de entretenimiento oficial, algo así como una feria permanente. Tsubasa dice que LaQua, aunque es un establecimiento de onsen que está abierto toda la noche, es más bien una experiencia de onsen a toda velocidad, como si uno tratara de explicar el tranquilo disfrute que proporciona sentarse al sol en un banco de un parque y la única forma de reproducir esa experiencia fuera visitar los jardines colgantes de Babilonia durante el carnaval. Naturalmente, hombres y mujeres están separados en la sección de baño, pero también hay salas de relax a las que se puede acceder después (con ropa), así que hay muchos grupos constituidos por hombres y mujeres y parejas que van ahí en plan cita (que no era el caso).

Antes de que llegáramos allí, sin embargo, hubo que pasar por la debacle del baño en pelotas que era, según recordaba de niña, lo mejor del mundo. Durante el primer momento fue un poco raro —en el momento en que me tuve que quitar el bañador—, pero nadie movió una pestaña; la gente siguió doblando su ropa y apagando su teléfono cuando ya estaban desnudos del todo, así que dejé de pensarlo. Resulta obvio decir que se ven cuerpos de todo tipo y tamaño, y pensé que hubiera sido estupendo ir de adolescente y darse cuenta de que nadie tiene el aspecto de Emily Ratajkowski, salvo Emily Ratajkowski, y todo es normal. Además se aprende cómo va a ser tu cuerpo con la edad, y que no se puede hacer nada al respecto, y eso también está bien.

Te escribo aquí algunas de las normas del onsen, tal y como las explicó Tsubasa y como se exponen en una lista muy útil, con ilustraciones de manga, en los vestuarios:

1. Coloca el teléfono en la taquilla cuando te cambies y déjalo allí. No hagas fotos. Obviamente.
2. Dúchate antes de entrar. Fundamental.
3. Si llevas un tatuaje, cúbrelo. Algunos lugares tienen carteles diciendo que aceptan los tatuajes, y si es un lugar muy frecuentado por extranjeros tal vez no importe, pero en general conviene cubrirlos. Aunque ya se supone que no eres un yakuza (la mafia japonesa que se identifica por sus tatuajes, y la razón por la que los tatuajes son tan temidos).
4. Lleva una toalla limpia: bien de casa, si eres habitual, o bien la que te proporcionan en recepción si no la llevas. No permitas que el agua la toque; hay que dejarla doblada junto a la bañera o ponérsela en la cabeza: vas a parecer una cabeza sin cuerpo coronada por una servilleta, pero eso es lo que se persigue.
5. No permitas que el cabello toque el agua: hay que llevarlo recogido.

6. Aunque seas la única persona que hay dentro de la bañera, no juguetees con los grifos. Tsubasa dice que él fue una vez a un ryokan con un compañero de trabajo de fuera y que vaciaron y volvieron a llenar la bañera antes de meterse. Lo cuenta en el mismo tono en el que tú contarías que alguien ha vaciado la piscina y la ha vuelto a llenar.
7. Después de terminar el baño tienes que aclararlo todo y dejarlo en su sitio (el taburete de plástico plegado y recogido, el cuenco boca abajo encima de los grifos, etc.).
8. Por último, tienes que utilizar la toalla para secarte antes de regresar a los vestuarios, para no ir goteando y mojando el suelo.

La gente iba sola, en parejas o en grupos; ¿se te ocurre un sitio mejor para charlar un poco que un baño caliente con hierbas, un *jacuzzi* o una bañera exterior, rodeada de bambú y de hojas de arce, con una cascada de agua caliente que cae sobre unas rocas mientras miras a las estrellas? También había una sauna húmeda, con un recipiente de sal para frotarte, y otra sauna normal con una televisión para ver una tertulia o una obra de teatro de samuráis mientras te hierven. Mi nueva obsesión.

Después de todo esto, Tsubasa y yo nos quedamos remoloneando un poco por una sala enorme, con ventanas de suelo a techo desde donde se ve todo Tokio y tumbonas climatizadas, y por otras habitaciones a distinta temperatura y con luz ajustable, todas llenas de gente descansando y charlando con esos albornoces yukata que te dan. Una especie de cruce entre las ilustraciones de las termas romanas que venían en mi libro de latín y el interior de un capullo de mariposa. Por último fuimos a cenar: tomamos tonkatsu (costillas de cerdo empanadas servidas con montones de repollo picado y salsa Bulldog, que es como la Worcester, pero más espesa) vestidos aún con los albornoces: algo así como ir a un restaurante en pijama.

Salí de allí como si volviera de unas vacaciones (unas vacaciones de mi estresante vida, en la que siempre estoy de vacaciones), y me resulta PATÉTICO informarte de la euforia que sentí cuando Tsubasa me preguntó si quería dar un paseo por Kagurazaka, que no está lejos de LaQua. Kagurazaka es un barrio entero de edificios tradicionales de madera y sauces llorones (bajo los cuales, según parece, no se puede caminar porque es donde se quedan los fantasmas); una zona llena de ryotei (casas de té donde las geishas reciben a sus clientes) que, además, por raro que parezca, es el barrio francés de Tokio. Todavía quedan algunas ryotei con sus geishas.

Kagurazaka-dori sube por una colina y está flanqueada por tiendas de alimentación tradicionales y francesas, así que puedes comprar osenbei casero preparado en una parrilla que hay al lado de una tienda donde venden piezas gigantescas de queso Camembert. Cuando estás llegando a lo más alto de la cuesta, verás un templo, Bishamonten Zenkoku-ji, muy bello pero menos apacible que los de Nezu y no tan apartado como ellos, con un puesto en el exterior donde se exhiben los ema. Los ema son placas votivas que puedes comprar en los templos, decoradas con un dibujo relacionado con el santuario o el año chino del zodíaco. Puedes escribir tus deseos u oraciones en ellos y colgarlos junto al puesto, o llevártelos a casa de recuerdo, lo que prefieras. La religión japonesa parece muy relajada y práctica en ese sentido.

También puedes comprar la suerte que quieres tener y atarla al palo de la fortuna: si es buena, al atarla al palo harás que se haga realidad; si es mala, atándola al palo desaparece. Una vez hecho el trabajo, todos son felices.

Rodean el templo unas cuantas calles traseras de las que salen senderos diminutos flanqueados por piedras cubiertas de musgo y bambú, iluminados desde abajo: parece que vas a entrar en un universo paralelo, en un tiempo diferente; estos senderos llegan hasta unas puertas de madera que se abren con facilidad, pero no puedes franquear sin reserva o invitación. En lugar de ir hasta allí, Tsubasa y yo nos detuvimos en una vinoteca que había en una calle empedrada donde las mesas tenían manteles de cuadros rojos y ofrecían una *fondue* de queso. De vuelta a casa me di cuenta de que sonaba el tannoy en un acordeón.

Caminamos, cruzando por el puente, hasta la estación de Iidabashi, y no se me ocurrió besar a Tsubasa porque no sé si le conozco desde hace dos días o veinticuatro años, y ninguna de estas extensiones temporales me parecía adecuada para besar a nadie.

Tu ecuánime y nunca excesivamente entusiasta hermana, que necesita dormir tanto tanto que no parece real xxxxxxx

Miércoles, 10 de abril, Tokio, 19:41 horas
De: annabanana@gmail.com Para: mia.haseda@milburneschool.edu

No lo sé, pero es como... ¿Cómo era eso? ¿Diez días, si acabas de conocer a alguien en persona, o noventa segundos si os conocéis en un club? ¿Era así? Tantas preguntas, Mia.

Jueves, 11 de abril, Tokio, 23:03 horas
De: annabanana@gmail.com Para: mia.haseda@milburneschool.edu

Pensé que estarías encantada de ver que mi último correo era tan corto... Estaba intentando mezclar las cosas un poco y no saturarte. No estoy jugando al despiste. ¿Cómo puedes decir que juego al despiste y *te oculto cosas* cuando acabo de escribirte diez millones de palabras sobre el tema «Mis primeras setenta y dos horas en Tokio»?

Y, no, tampoco me patrocina la oficina de turismo de Tokio, es solo que una no se cansa nunca de esta ciudad. Aunque voy a demostrar mi actitud neutral e independiente: te gustará saber que he estado en un sitio este fin de semana que me hizo sentir extremadamente complicada. Quería ir, y Tsubasa fue una monada increíble al seguirme la corriente y levantarse a horas intempestivas para quedar conmigo a las 5 de la madrugada en el mercado de pescado de Tsukiji. Todo el mundo lo sigue llamando Tsukiji, aunque en 2018 se trasladó a una localización nueva, mucho más moderna —y en todo caso más limpia (en el mejor y en el peor de los sentidos)— en Toyosu, relativamente cerca del mercado original. Tsubasa dice que posiblemente el traslado se debió a que llegan tantos turistas a presenciar la subasta de atún que así es posible mantenerlos cerrados detrás de una pantalla de cristal, lejos del meollo, y luego confesó que estaba de broma aunque tal vez solo un poco. El lugar ofrece un recorrido turístico que comienza en el edificio de instalaciones de gestión, lo cual deja claro todo lo que necesitas saber sobre este nuevo emplazamiento.

Hay *mucho* pescado en esa lonja. Quiero decir... es obvio que sí, pero es flipante verlo, y pensar que todos los días, todos los del calendario, se pesca. Y los atunes... son enormes. Esto también es obvio, sí, pero es que son enormes. Yo como pescado, tú comes pescado, el atún le encanta a todo el mundo. El marisco, el sashimi, aquí es tan fresco que es una experiencia gastronómica desconocida y, naturalmente, una parte fundamental de la cultura. Pero ¿estaban destinadas esas cosas tan grandes a ser devoradas por nosotros? Yo creo que no del todo. He leído que el chef, especialista en sushi, Jiro Ono, el protagonista del documental *Jiro sueña con sushi*, dice que ya es imposible conseguir muchos de los ingredientes que él empleaba antes debido a la sobrepesca, y eso le preocupa mucho. Y el roe, el mentaiko, que están tan ricos salados y servidos con arroz caliente... Pues parece que no es tan buena idea comer millones de huevas de pescado de una vez mientras el océano está siendo esquilmado. Y quién no ha visto en Netflix *Lo que el pulpo me enseñó*, que es impresionante... Todo esto dota de un aura de mal gusto al sushi de pulpo, o al takoyaki, esas bolas calientes y sabrosas de pulpo y masa que a todo el mundo le encanta comer en festivales y ferias de todo el país. En Tokio no se ve mucho, pero Tsubasa me dijo, y no parecía contento, que aunque mucha gente no lo apoya en absoluto hay muchos establecimientos en Japón que aún ofrecen ballena en el menú.

Naturalmente, no hay lugar en el planeta que no esté lleno de problemas y contradicciones. Yo creo que cuando voy a cualquier parte trato de poner mis opiniones a un lado, algo así como si solo pudiera asumir cierta responsabilidad respecto al lugar donde vivo. Si algo está fuera de mi jurisdicción tengo derecho a no comprometerme y descansar porque, si no, se vuelve una loca. Aunque es probable que no sea esa la mejor actitud, supongo. Si todo el mundo mostrara un comportamiento impecable desde el punto de vista ecológico y moral, y defendiese sus tesis en cualquier lugar al que llega, el avance general iría en buena dirección. O a lo mejor esto es una estupidez, porque entonces nadie podría estar en ningún sitio que no fuera su propio país, dado que viajar no es bueno para el planeta, o el mundo quedaría expuesto a la condescendencia de unos cretinos que se creen moralmente superiores. No lo sé. Creo que cuando salí de la lonja me sentía muy confundida, y aunque la zona de compra al por menor era fascinante —objetivamente— y el pescado sería, sin duda alguna, el mejor que uno puede imaginar, seguimos caminando sin detenernos.

“Hay muchos establecimientos en Japón que aún ofrecen ballena en el menú”

Tsubasa alquiló unas bicicletas, que seguramente sean el mejor vehículo para recorrer Tokio: uno navega tranquilamente sin la molestia del casco por la zona que discurre entre la acera y la calzada, disfrutado de las calles secundarias, que nos perderíamos si fuéramos en transporte público. Recorrer en bicicleta Tsukishima y Toyosu, pasar por los puentes que conectan el archipiélago en miniatura que conforma el este de Tokio fue una experiencia muy particular. Siempre te haces una idea del tamaño desmesurado de la ciudad, de la cantidad inmensa de bloques de apartamentos idénticos, todos ellos con sus balcones iguales y sus jardines comunitarios tan bien cuidados: un paisaje de líneas rectas con pasos elevados y edificios muy altos, como prismas verticales, con el mar a un lado: una línea horizontal que parece dibujada por un niño. Todo sigue un orden impresionante, muy práctico, y brilla apacible al sol de poniente, pero yo me preguntaba cómo sería aquello en pleno invierno. Un paisaje tan urbano que puede resultar difícil recordar que eres humano.

Nos detuvimos en Tsukishima Monja, una calle tradicional que da la bienvenida al visitante con restaurantes a ambos lados que exhiben en el exterior un derroche de farolillos de papel chochin. Todos ellos sirven monja-yaki: una tortita salada, la versión de Tokio de las okonomi-yaki de Osaka; se prepara con una pasta menos espesa, pero la rivalidad entre ambas es feroz, como puedes imaginar. Te ponen la masa y todos los extras (*bacon* y queso para una, y calamar para la otra), y, con un convincente movimiento de la espátula de metal, Tsubasa metió la masa dentro de la tortita con forma de luna. Luego espolvoreó unos copos de bonito, nori, jengibre, mayonesa y salsa Bulldog, así que allí estuvimos bebiendo té frío de oolong y comiendo tortitas calientes muy sabrosas, blandas, crujientes, tostadas, saladas y dulces, y me volví a enamorar de Tokio.

Espero que te guste el manga de los años sesenta en japonés. Sobre niños fantasma con un solo ojo y su padre, un globo ocular fantasma al que le encanta bañarse en té. ¿Qué? ¿Que no puedes leer el japonés y nunca has mostrado interés por el manga en tu vida? Qué pena, porque por la tarde fuimos a Jinbocho, que es la meca del libro de segunda mano aquí en Tokio, donde la acera estaba cubierta de estanterías que se bamboleaban bajo unos toldos y las tiendas llenas de anaqueles que forman laberintos con diversos grados de organización. Comenzó a llover, y Tsubasa y yo nos quedamos muy pegados uno al otro en una sección de manga antiguo; el papel de la pared estaba amarilleando, y en el aire flotaba un aroma a tabaco. Unos enka kashu (cantantes japoneses ataviados con kimonos, a la antigua usanza) nos miraban desde unos pósteres que el paso del tiempo había descolorido y teñido de azul. Tsubasa me decía en susurros cuánto le gustaba *Conan* cuando era pequeño, el niño detective que siempre resolvía todos los crímenes que los adultos no lograban entender, y también *GeGeGe no Kitaro*, el fantasma de un solo ojo y su grupo de amigos fantasma, como el hombre rata, la anciana que arroja tierra, la pared sintiente y la cinta de algodón animada. Tenía que recordar ese momento eternamente, así que has sido agraciada con un *souvenir*, aunque, bien pensado, tal vez me quede con el libro y me dedique a leerlo con atención cuando sea viejita, ahorrándote de paso el mal rato de fingir que me agradeces el regalo. Mejor así, ¿verdad? Xxxxxxxxx

Martes, 7 de mayo, Tokio, 23:14
De: ikemototsubasa@cybermail.jp Para: ikemotokyoko@form-mailer.jp

Querida Kyoko:

¿Qué tal en Hawái? Espero que lo pasaras de maravilla. Aquí la Semana Dorada ha sido excepcionalmente buena. En lugar de marcharme corriendo a reservar un asiento de Shinkansen como suelo hacer, me quedé en Tokio y evité las multitudes apartándome de las zonas más concurridas. Tokio en vacaciones, con el sol luciendo, es una experiencia que se disfruta mucho.

Adivinarás que eso ha sido en parte, o tal vez totalmente, porque Anna también estaba aquí. Fue una suerte que su viaje de trabajo se alargara una quincena, y que pudiera pasar aquí la Semana Dorada. Sí, soy consciente de que nuestra madre piensa que los extranjeros tienen muchas vacaciones; pero esto está empezando a parecerme cada vez menos problemático. Y Anna ya no está de vacaciones: su empresa ha prorrogado el proyecto que la trajo a Tokio durante tres meses más.

¡¡Dice Anna que yo no utilizo signos de exclamación nunca!! Y que por eso parece que no siento entusiasmo por nada. ¿Estás de acuerdo?

No es cierto que no sienta entusiasmo. En el momento exacto en que supo lo que le ofrecía su empresa estábamos flotando en el foso de Chidorigafuchi, que rodea el Palacio Imperial. Acabábamos de visitar el palacio, posiblemente la primera cosa «oficial» que hemos hecho desde que llegó Anna. Siempre se me hace raro pensar que la familia imperial vive allí, y formarme una idea del aspecto que tendría el castillo Edo en sus días de esplendor con tantos edificios de oficinas como hay en su entorno. Anna se mostró muy sorprendida por el hecho de que los árboles que rodean el palacio se dejen desnudos y mochos para que no se puedan ocultar en ellos los ninjas; es una vergüenza que la estética de tan sensata precaución se vea tan desolada y poco atractiva. Sin embargo, el foso es una belleza, ¿no te parece? ¿Recuerdas cuando íbamos a remar allí de niños, con nuestros padres? Yo había olvidado lo bonito que era... La brisa de los árboles que bordean el foso... Y, sin embargo, las carreteras y todo lo moderno es invisible al ojo humano cuando estás a esa altura de las murallas del palacio. Anna y yo estábamos comentando cómo son nuestras respectivas ciudades, y eso me hizo pensar que una de las razones por las que me gusta Tokio es porque no se avergüenza de ser urbana. En el campo japonés encuentro a veces paisajes que son casi hermosos, salvo por la fábrica de papel que lanza una columna de humo o la gigantesca torre de agua o el lecho de un río domesticado con hormigón. Quizás en este último caso concreto es lógico tratar de controlar la naturaleza en la medida de lo posible, porque aquí sabemos que la naturaleza puede destruirlo todo de un momento a otro, pero también es cierto que todo eso es un mazazo para el paisaje. Así que allí estaba, feliz, flotando en las aguas del foso, sin ninguna expectativa sobre si el paisaje era natural o no y disfrutando, en lugar de elucubrar, de las vistas que ofrece la intervención humana: la arquitectura, la historia, la ingeniería. Y ahí fue cuando Anna recibió el mensaje. Una de las cosas que más me gusta de ella es que nunca trata de ocultar nada. Estaba claro que aquello la complacía, y eso es muy relajante.

Fuimos en bicicleta desde Nagatacho, pasando por Yotsuya y la universidad de Sophia, bordeando la muralla por el área peatonal junto a Sophia-dori, bajo unos árboles que habían alfombrado el suelo con pétalos de flor de cerezo unas semanas atrás, pero ahora están de un verde vivo y vibrante. Después, como era uno de esos días perfectos de Tokio, seguimos pedaleando hasta el cementerio de Aoyama. Anna dijo que le parecía «perfectamente Tokio» la forma en que se ve el cementerio: todo a poca altura, frondoso, tranquilo, ordenado y el glamur de Roppongi Hills que se eleva con el cielo azul de fondo.

Parece ser que la habitación que tenía reservada en su hotel ya no estaba operativa y, como no había mucha disponibilidad debido a la Semana Dorada, ha tenido que trasladarse a una que es un poco... «especial Tokio», ya sabes. Solo tenían habitaciones para fumadores, y en cuanto abrimos la puerta nos dio tal bofetada el olor que pensamos que íbamos a morir ahogados. Las ventanas no se pueden abrir. El vinilo de las zapatillas que hay junto a la puerta está acartonado, y en el pasillo de baldosas de linóleo gris hay un sofá con la espuma del relleno saliendo por las grietas. El único sitio en el que se pueden dejar las cosas es un armario de metal que sobresale tanto de la pared que se queda colgando sobre la cama. A mí me encanta ese hotel, porque el resultado de su existencia ha sido que Anna se vaya a quedar conmigo, en mi apartamento. Es la solución más práctica.

Estoy tan feliz que siento un burbujeo en la piel. No se lo digas a nuestra madre.

Tsubasa

Miércoles, 15 de mayo, Tokio, 09:13 horas
De: annabanana@gmail.com Para: mia.haseda@milburneschool.edu

Dice Tsubasa que las edades de Tokio van así: Harajuku, Shibuya y Shimokitazawa, para adolescentes; Akihabara para adolescentes de otro tipo; Jiyugaoka y Daikanyama para abejas obreras que siguen la moda; Ginza y Omotesando para señoras con gustos caros; Ebisu y Akasaka para tomar algo al salir de la oficina; Yoyogi Uehara para cenas de adultos. (También dice que es absurdo decir todo esto y que cualquiera puede salir por donde le dé la gana, y que él solo recurre a establecer estas categorías porque yo le he obligado, pero es que es tan mono cuando empieza a pensar y a colocar etiquetas a las cosas, y luego se siente incómodo por haberlo hecho e intenta recular...)

Total, que hoy hemos sido adolescentes por el día, lo que probablemente se adaptaba muy bien a mi estado mental, ¿no te parece? (Es tan triste que no estés aquí, cachondeándote de mí sin parar… En serio te lo digo. Voy a tener que hacerlo yo misma, y representar al mismo tiempo el papel del bombero y del pirómano. Y te aseguro que hacer dos papeles al mismo tiempo es agotador.) Fuimos a Shimokitazawa a mezclarnos con todo lo joven y de última moda (mejor dicho, con todo lo joven y de última moda que no es tal en otras zonas de Tokio) y, en concreto, fuimos a curiosear por todas las tiendas de música: las hay que venden discos de vinilo y *cassettes* y, francamente, me estoy planteando financiar lo que me queda de vida con la venta de todas las cintas de los Backstreet Boys y Bon Jovi que están cogiendo polvo debajo de mi cama, en casa de tía Eileen, ¿crees que funcionaría? Además de tiendas de discos, Shimoki, que es como suelen llamar a esto (crean diminutivos de muchísimas palabras, lo que no me parece mal, pero siento que fuerzo un poco esa familiaridad al llamar a las cosas por apodos que aún no tengo derecho a usar. Es muy habitual sobre todo con nombres occidentales: ¿quién va a tomarse la molestia de decir «Burado Pitto» cuando se refiere a Brad Pitt? Así que le llaman «Brappy»… Y eso me lleva a pensar que no sé si Brad y yo estamos preparados para una cosa así), está lleno de laberintos atestados de tiendas *vintage* y de venta de lotes, callejones diminutos que desembocan en mercados donde cada vendedor tiene, en su puesto, el espacio justo para estar de pie detrás del mostrador y, sin embargo, se las arregla para mostrar entera su colección de tesoros, compuesta por una selección obsesiva de chapas de las Girl Scout de Vermont de los años setenta, por poner un ejemplo, o de pendientes artesanales de esmalte que reproducen todo lo relativo a Kewpie.

Antes de irnos de allí comimos bocaditos de nata en el lugar donde se fabrican. ¿Te acuerdas de los bocaditos de nata? ¿Quién no desearía tener acceso libre y permanente a una fábrica de dulces de masa *choux* rellena de gloria en crema? ¿Qué he estado comiendo en las dos últimas décadas, que no han sido bocaditos de nata? El asunto, Mia, es ¿qué hemos estado haciendo con nuestras vidas?

Como estábamos en la onda musical (Tsubasa había comprado un montón de discos y *cassettes* que llevaba en una bolsa enorme de papel porque, aunque aquí muchos hombres usan bolsos grandes, o de bandolera, Tsubasa no es de esos), y también visitando barrios donde se concentran los adolescentes, tomamos un tren a Shin Okubo, justo al lado de Shinjuku, supuestamente el barrio coreano japonés. La calle principal estaba tan llena que era casi imposible avanzar en ninguna dirección: tiendas del emporio coreano del cuidado facial, cafés de k-pop donde puedes conocer a tus ídolos y hablar con ellos o asistir a conciertos exclusivos, con poco público... Pero comprobamos que, por desgracia, los bocaditos de nata no son sustitutivos de una comida normal, así que nos dirigimos al primer sitio donde vimos una mesa, que resultó ser una barbacoa coreana con bebida sin límite de donde salimos, quién sabe por qué, con una cogorza de medio día, oliendo a gochujang y a humo de barbacoa. Nos interceptaron unos vendedores de entradas para un concierto de k-pop y allá que fuimos. El auditorio tenía una audiencia de unas veinte personas, entre ellas dos muchachas con enormes pancartas, hechas a mano, con corazones y proclamas dirigidos a los chicos de la banda, que salieron al escenario y perpetraron una coreografía de lo más impresionante, perfectamente coordinada, que hubiera quedado perfecta en Wembley, pero vista a dos metros de distancia resultaba un poco excesiva. Estaban tan cerca que se veía sin dificultad que tenían la piel perfecta, literalmente sin un poro, y yo me preguntaba cuánta base de maquillaje llevaban. Los estaba mirando tan fijamente que Tsubasa me dijo que parecía un pingüino enfadado que ha ido a graduarse la vista. Y, como estaba de todo menos sobria con las cervezas esas de la barbacoa, me entró una risa de lo más histérica. Obviamente, hubiera sido de lo más descortés morirse de risa viendo un concierto con veinte personas de audiencia, así que me propuse firmemente detener el ataque. Lo que conseguí fue que se me saltaran las lágrimas, que me corrían como ríos por las mejillas, y la cara del color de la remolacha: cualquiera hubiera pensado que me estaba dando un ataque al corazón. Y esto sucedía justo cuando los muchachos de la banda bajaban del escenario y se mezclaban con los asistentes para saludar a sus fanes, así que pareció que estaba tan superada por la cercana presencia del romeo principal (que, desde luego, lo habría estado si hubiera tenido la edad adecuada) que mis sollozos quedaron justificados. Y, como a él le pareció completamente normal y era un tipo encantador y comprensivo, sugirió que nos hiciéramos un selfi. Así que creo que salí airosa del asunto, aunque creo haber sufrido daños en los músculos del estómago y también en la cara.

¿Te puedes creer que llevo tantas semanas en Tokio y todavía no había ido a Shinjuku? ¡No había visto a Godzilla asomándose por encima del rascacielos! (Vi un hotel que ofrece una vista perfecta de Godzilla desde las ventanas de sus habitaciones y, aunque en apariencia no es una visión aterradora, me parece que tú intentarías evitarla a toda costa. ¿Sabías que Godzilla es, en realidad, una representación de EE. UU. y el impacto que ejerce en Japón?) Tampoco había salido de la estación de Shinjuku, un intercambiador desmesurado que utilizan *a diario* tres millones y medio de personas. Es un número insensato, ¿no te parece? Hasta cuesta imaginarlo, precisamente cuando de niños decíamos que hemos hecho algo chopocientosmil trillones de veces… Tsubasa me dijo que si vas a trabajar, se utiliza la salida de la zona financiera de Shinjuku y, si vienes a pasar el rato, coges la salida este, junto al centro comercial Lumine Est, que da a Kabukicho. Pensé que se llamaba así por una razón poética, algo así como «el mundo es un gran escenario», pero resulta que en realidad esa zona recibió su denominación después de un plan urbanístico de

❝ Godzilla es, en realidad, una representación de EE. UU. y el impacto que ejerce en Japón ❞

1940 —construir un teatro de kabuki— que nunca se llevó a cabo. Pregunté a Tsubasa si, en ese caso, podía por favor dirigirse a mí como doctora catedrática, dado que llevo mucho tiempo haciendo esto y aquello para conseguir ambos títulos, pero no he acabado de lograrlo del todo. No se mostró muy a favor: dice que no le parece que doctora y catedrática sean títulos que puedan ir juntos. No tiene imaginación.

Y, sin poder evitarlo, terminamos en Omoido Yokocho (que está marcado en Google como «atracción turística»: ¡qué deprimente!) también llamado Callejón de las Meadas, y con ese nombre tan elegante se conoce. Es un callejón muy estrecho lleno de puestos enanos de cerveza y yakitori donde la gente se agolpa en la barra o en las mesas altas de la calle; allí nos dimos cuenta de que lo que necesitábamos de verdad en nuestra vida, después de un almuerzo de barbacoa coreana, eran unos pinchos de yakitori y quizás un poco de shochu, en lugar de más cerveza, porque en la variedad está el gusto, ¿no te parece? Dicho lo cual, empezamos a beber shochu con té de oolong; luego shochu con té de cebada y, finalmente, shochu con umeboshi, que es posiblemente la mejor bebida que hay sobre la faz de la tierra.

Y abandonamos fugazmente el universo de los callejones minúsculos justo a tiempo para ver una rata del tamaño de un gato que se escabullía por la calle, experiencia que creo hubiera resultado mucho más traumática de no haberme encontrado en ese estado de embriaguez en el que sentía que todos estábamos conectados y todo era maravilloso, hasta la rata (que es, como casi todo lo de los borrachos, plenamente cierto, hasta cierto punto). Volvimos a adentrarnos en Mundo Callejón, que esta vez asumió el aspecto del llamado Golden Gai: otra red de callejuelas llenas de bares (¡había unos 200!) en los que solo caben cinco o seis personas, literalmente, con nombres como Tribunal de Decisión de los Canguros o El sueño de Papá. Muchos de estos eran bares temáticos —salas de mahjong, bares flamencos, bares de *jazz*, cafés Go, que es un tipo de ajedrez japonés— y otros tenían un cartel que decía claramente NO SE ADMITEN EXTRANJEROS o cobraban un precio de auténtica extorsión a los no habituales. Mi pregunta es: ¿soy extranjera o no? ¿Hablamos de la sangre (y de lo que eso signifique) o de la cultura? ¿Pierdo puntos por no hablar el idioma, pero gano algunos gracias al color de mi pelo? Es difícil responder. Y también es difícil de entender, porque percibes como una especie de afrenta que te digan que no eres bienvenida, pero luego ves que tal vez se debe a que los cuatro habituales que están sentados en un espacio de seis pies cuadrados masticando la grasa que llevan dos décadas masticando no verán con buenos ojos que entre un grupo de turistas gritones metiéndoles la cámara de fotos por los ojos. Yo, desde luego, no hubiera tenido narices para entrar sola a uno de esos bares (abrir la puerta, las cabezas que se vuelven a mirar, el horror), pero por suerte Tsubasa conocía a un barman que no tenía prejuicios sobre mi ADN japonés o la ausencia del mismo, así que entramos en su bar y allí seguimos con el umeboshi shochu.

Conseguimos marcharnos con dos horas de margen para tomar el primer tren y, aunque todavía no había clareado, salir del Golden Gai fue en cierto modo como salir a la luz, gracias a la anchura relativa de las demás calles y los neones, las pantallas, los vídeos musicales y las ventanas que llegan al cielo; también los millones de tonadillas que se escuchan, los grupos de borrachos rugiendo de risa, los gritos de los promotores que anuncian ofertas de restaurantes de bufet libre. Tsubasa dijo que uno de los problemas de allí, como en otras zonas de ambiente nocturno, sobre todo donde hay bares de alterne, es la práctica conocida como bottakuri: te dicen que vas a pagar un precio, pero luego el anfitrión (o anfitriona) pide un montón de copas a tu cuenta, que luego tienes que pagar tú, y la factura acaba ascendiendo, literalmente, a millones de yenes. Y te arruinan la noche, ¿verdad? Dije que pensé que era muy igualitario que hubiera bares de alterne con anfitriones de ambos sexos, pero Tsubasa me respondió que él había oído que muchos de los clientes de estos bares de alterne son en realidad las propias anfitrionas, que hacen de gancho para que el cliente consuma y acaban asumiendo deudas millonarias. Así que incluso en una situación supuestamente igualitaria como esta, sigue siendo la mujer la que acaba jodida. Sin comentarios.

En fin, que Tsubasa dijo que dos horas de margen, antes de coger el primer tren, era una situación ideal, porque nos daba tiempo a ir a un karaoke. La cabina del karaoke era un contenedor de almacenaje, y tuve la sensación de que era el sitio más íntimo en el que yo haya estado en mi vida. Lo que resulta gracioso si tenemos en cuenta que había una ventana enorme que daba a la calle y que dentro estaba todo iluminado, como las ventanas de adviento en el escaparate navideño de cualquier tienda. Hay sitios de estos de karaoke por todas partes: Big Echo, Joysound, Pasela... Y ahora siempre miro por las ventanas (en Tokio siempre anda uno mirando por las ventanas) cada vez que paso por uno. Durante el día suele haber grupos de críos o gente que va a practicar canto de verdad. A altas horas de la noche, hasta echar una miradita puede resultar indecente.

Pues cantar a pleno pulmón y sin el menor sentido del ridículo puede ser muy terapéutico, pero es probable que tengan que converger muchos factores (nivel de ebriedad, estado de ánimo, compañía, tiempo...) para contar con la garantía de que te vas (me voy) a divertir. En esta ocasión la convergencia de factores era óptima. Desde un iPad estaban proyectando un vídeo de un pez tropical nadando por toda la sala y también el menú, de modo que lo único que había que hacer para pedir algo era pulsar el botón, y la comanda aparecía delante de ti como por arte de magia. Casi todo lo del menú era pan: rebanadas cuadradas y gigantescas de pan, decoradas con fruta y helado, sí, pero seguía siendo pan. Esto dejó de sorprenderme cuando al pasar a otra cabina lo que hacían era meter en una barra, que era de pan de miel caramelizada, o algo así, cortado en cubos y sazonado con helado y fruta y de todo, que metían dentro de la corteza del pan, como si fuera una concha. Después de unos cuantos bebedizos mágicos tuve una revelación: las rebanadas de pan eran los carbohidratos necesarios para empapar todo aquel alcohol. Se lo dije a Tsubasa justo cuando se nos agotaba el tiempo, y se quedó enganchado en el tema de los carbohidratos. Así que fuimos a un bar de *noodles* que había justo enfrente, donde un montón de hombres de traje comían ramen como si fueran las 8 de la tarde en lugar de las 5 de la mañana. Al día siguiente, Tsubasa me dijo que yo le había dicho como seis veces que, cuando estuviera beoda, ya solo comería ramen el resto de mi vida. Otra gran muestra de la sabiduría del borracho.

Todo esto para decir que Tokio es increíble, y que ¡estoy tan feliz de estar aquí y de quedarme tres meses más! Además, me he ido a vivir con Tsubasa porque me sale más barato.

Tu trabajo, ¿qué tal? ¡Espero que estupendo!

Xxxxxxx

Miércoles, 15 de mayo, Tokio, 23:41 horas
De: annabanana@gmail.com Para: mia.haseda@milburneschool.edu

¡No te estoy ahogando con datos! ¡Te he escrito un correo muy largo para explicártelo todo!

23:57 horas

Pensé que te gustaría saber todo lo que se cuece en Tokio.

00:08 horas

No fue una decisión de resaca; ya vivíamos juntos cuando fuimos a Shinjuku.

00:16 horas

¡Claro que te lo dije! Escribí, literalmente, «me he ido a vivir con Tsubasa». ¡Mira los correos!

00:27 horas

No te cabrees. Y no se lo digas a la tía Eileen.

00:35 horas

Vale, vale, vale. Yo le digo que me he quedado en Tokio; pero no le digas nada de Tsubasa. Yo nunca sé qué decirle, de todas maneras. ¿Qué le cuento?

00:42 horas

¿Cómo le voy a escribir un correo de historia?

00:45 horas

¿Vendrás a hacerme una visita?

Sábado, 13 de julio, Tokio, 09:08 horas
De: annabanana@gmail.com Para: eileen.rowlands@me.com

Querida tía Eileen:

Muchas gracias por tu correo. Sí, ya lo sé: tenía que habértelo dicho antes de que te enterases por Mia. Pero te encantará saber que no estoy de pendoneo. ¡Estoy trabajando! Entiendo lo que dices, ya sé que esto no te parece un trabajo como es debido, pero lo es. Y tienes razón en que no voy a la iglesia todos los domingos, pero lo cierto es que tampoco iba cuando vivía en Londres, ni Mia tampoco, aunque haga como que va.

Lo que sí estoy haciendo, sin embargo, es visitar un montón de templos maravillosos. Y estoy aprendiendo un montón de cosas verdaderamente fascinantes. Te contaré un poco. Lo cierto es que no todos son templos: hay templos budistas y santuarios sintoístas. El sintoísmo es la religión original japonesa, una religión animista que cree que todo tiene espíritu; así que por todo Japón hay árboles y piedras decorados con tiras de papel blanco en zigzag que parecen rayos y que se llaman shide. Indican que el objeto que rodean es un dios. Hay también muchas puertas tori rojas (con la forma del carácter japonés que significa «cielo») que marcan el paso del mundo normal al mundo sagrado, como un portal mágico. El sintoísmo tiene algunos efectos interesantes: por ejemplo, las cosas de segunda mano no son muy populares. Y no les falta razón, si piensas que cada cosa tiene un espíritu y que está conectada a la persona que la utilizó antes. Creo recordar, tía Eileen, que, como persona tremendamente organizada que eres, te gustaban esos programas de televisión de la gurú japonesa del orden, Marie Kondo, sobre *La magia del orden. Herramientas para cambiar tu casa y tu vida*. Algunas de sus excentricidades, como dar gracias a los objetos por su servicio o preguntar cuáles de ellos proporcionan gozo no son tan raras en un contexto en el que todo tiene alma, ¿no te parece?

Obviamente, la religión japonesa moderna —igual que la religión en cualquier parte del mundo— está muy vinculada a la historia. Se dice que la familia imperial japonesa descendía de Amaterasu, una diosa sintoísta, así que sus miembros fueron adorados como deidades durante siglos, y el sintoísmo fue la primera religión oficial. El budismo vino de China alrededor del siglo vi, cuando el sintoísmo y el budismo terminaron asumiendo, cada uno de ellos, rasgos del otro, incluso del confucionismo. Durante mucho tiempo la religión japonesa fue una fusión de ambas.

Pero hacia el año 1500 llegaron a Japón algunos europeos (portugueses sobre todo) que trajeron el cristianismo y convirtieron a mucha gente. En ese momento Japón estaba formado por muchos estados en guerra constante: todo el mundo se vio obligado a vivir en ciudades fortaleza con su castillo, y a ser leal a su señor feudal. Si los samuráis (el estamento militar) salía de la fortaleza en alguna ocasión, tenían que dejar allí a su esposa e hijos, para que si no regresaban el señor feudal pudiera matarlos. Y hablan del control total...

Luego, alrededor de 1600, un miembro de la familia Tokugawa se convirtió en shogun, que es básicamente un dictador militar. El shogun se hizo cargo del país entero, que dirigía desde su base en la ciudad de Edo. Ese fue el final de las guerras entre estados, así que estupendo. El shogun decidió que no le interesaban mucho los extranjeros ni sus planteamientos, así que todo el país quedó confinado y cualquier extranjero que entrara en Japón era hombre muerto. El cristianismo no se fomentó en absoluto, claro está. En una situación así, sin estados que guerrearan entre sí, pero con todo el país cerrado, el período Edo se extendió hasta 1868; durante ese tiempo los samuráis perdieron parte de su naturaleza guerrera, ya que el shogun lo tenía todo bajo su control, y comenzaron a dedicarse a otras actividades, convirtiéndose en maestros y artistas.

El emperador estaba por ahí durante el período Edo, pero no era una figura de gran peso. Hasta que en 1853, justo cuando se producía en Occidente la Revolución Industrial, el comodoro Matthew Perry llegó a Japón exigiendo un tratado de comercio (la verdad es que no me gusta mucho esta parte de la historia). El emperador dijo al shogun que le echara de allí, pero el shogun no tenía la capacidad militar suficiente, y no lo consiguió. Así que no tuvo más remedio que firmar el tratado de comercio y dimitir (con gran vergüenza). Pobre shogun. De este modo vemos en 1868 el final del período Edo y el cierre de Japón, y el comienzo del período Meiji y la apertura de Japón. Este fue también el año en que el emperador se mudó de Kioto a Edo, y cambió el nombre de la ciudad por el de Tokio, que significa «capital de Oriente». Su traslado marca también el regreso del emperador como figura principal. Así que, como parte de una campaña de relaciones públicas, tenía sentido señalar la importancia de Amaterasu y de la divinidad del emperador, y fue entonces cuando el sintoísmo y el budismo, que hasta entonces solo habían existido en una especie de crisol práctico y feliz, se separaron. El sintoísmo se convirtió en la religión oficial de Japón (dado que la familia imperial eran auténticas deidades).

El sintoísmo y el gobierno habían tenido una conexión bastante estrecha y prolongada, aunque, cuando los americanos, en 1946, retiraron la divinidad al emperador tras la derrota de Japón en la Segunda Guerra Mundial, el terreno se quedó un poco más embarrado (en el aspecto religioso). ¿¿¿Te imaginas qué ignominia ser la persona de la familia que te hace pasar de ser un dios a ser un mortal estándar??? ¡¡¡Y hoy en día el emperador tiene cuenta en Instagram!!!

“Hoy en día el emperador tiene cuenta en Instagram”

Según mi amigo Tsubasa, hoy en día la mayor parte de los japoneses dicen que son sintoístas de nacimiento (hay muchas ceremonias sintoístas para niños y bebés) y cristianos por matrimonio (se han convertido en tradición las bodas con novias vestidas de blanco, supongo que por una cuestión estética), pero mueren budistas (la mayoría de los funerales son budistas). En la familia de Tsubasa tienen un butsudan, que es un pequeño altar budista, en un rincón del salón de casa: allí residen todos los ancestros de la familia. Es una caja de madera de caoba con pergaminos decorados y farolillos en el interior. En la cocina tienen el kamidana, que es donde viven los dioses sintoístas. Está hecho de madera de un tono claro y tiene tiras de shide y jarrones con unas hojas enceradas llamadas sasaki. La abuela de Tsubasa, que vive con ellos, cambia las flores y el agua, y coloca alimentos como ofrenda, y enciende las velas y el incienso que hay delante de ambos altares diariamente, cuando saluda a todos los que están en el butsudan. Más o menos lo que se hace en las iglesias del Reino Unido, pero en el salón de tu casa.

Lo más interesante, sin embargo, es que a pesar de que hay templos y santuarios por todas partes es completamente normal que venga un sacerdote a bendecir un lugar, por ejemplo, antes de que se empiece a construir, o un coche, en una ceremonia especial; también se compran amuletos y objetos para colgar del bolso, para que te protejan o te den suerte en los exámenes y en todo lo demás. Con todo, la mayoría de los japoneses se declaran ateos. Tsubasa dice que él no cree que en su casa cuide nadie del butsudan o el kamidana cuando muera su abuela. Y eso es triste, ¿verdad? Pero también es una tranquilidad enorme saber que los hijos se portan tan mal en el otro lado del planeta como en tu propia casa, ¿no te parece?

Estoy segura de que también te encantará saber que este es un sitio muy seguro. He leído un informe que dice que en 2022 hubo 481 delitos por cada 100 000 habitantes en Tokio, frente a los 10 500 registrados en Londres. Por todas partes hay unos lugares llamados koban, que son pequeños puestos de vigilancia de la policía, y sientes la sensación de que te están vigilando en todo momento. Estoy convencida de que te parecería muy bien. Una persona a la que he conocido aquí me contó que se olvidó el teléfono en un banco del parque, con un trozo de papel dentro de la funda con todas sus contraseñas escritas. ¡Qué cosa más estúpida! Pues cuando llegó a casa alguien se había encontrado el teléfono y había aprovechado el papel de las contraseñas —en lugar de para acceder al banco y robar todo el dinero— para buscar la dirección de correo electrónico y enviarle un mensaje que decía que había dejado el teléfono en la comisaría de la zona. ¡Es fantástico!

Espero que te dé cierta paz mental saber lo que estoy haciendo aquí, tía Eileen. Estoy trabajando mucho y todo es legítimo y enriquecedor.

Tu sobrina que te quiere,
Anna

Miércoles, 14 de agosto, Tokio, 14:23 horas
De: annabanana@gmail.com Para: mia.haseda@milburneschool.edu

Queridísima hermana:
Te encantará saber que te perdono por habérselo dicho a tía Eileen. Naturalmente, fui yo quien perdió el teléfono. ¿No te parece alucinante haberlo recuperado? Pues a Tsubasa no pareció sorprenderle. Dijo que una vez a una amiga suya le robaron el bolso: fue un tipo que iba en una moto, y a las cuatro horas del robo la policía le pilló y dijo a la amiga de Tsubasa que fuera a la comisaría de policía para confirmar su identidad y que el ladrón le pidiera disculpas. Me gustaría saber quién es esa amiga…

No te imaginas el calor que hace aquí. Casi 40 grados, desde hace ya una semana. Durante todo junio ha estado lloviendo un poco, como si estuviéramos en una sauna estropeada, y ahora que llega el calor intenso parece que se te van a pegar los zapatos al asfalto si te quedas quieto; eso, alternando con el aire acondicionado, tan frío que es como estar dentro de una nevera. No me explico por qué lo tienen tan fuerte. Voy por ahí con aspecto de mancha de sudor gigante o mancha de sudor helada y gigante, depende, para horror de todos los tokiotas que levantan sus parasoles o se colocan sus sombreros (mantenerse sin broncear es de vital importancia) y que no consideran estas situaciones como pretexto para no mantenerse impecables y a la moda, como siempre.

Antes de que preguntes: me gusta igual.

Al recorrer Tokio, no dejo de componer en mi cabeza reuniones imaginarias en las que la gente dice a los propietarios de los negocios y a los arquitectos y diseñadores cuáles son los problemas que presentan los espacios públicos y las soluciones que entre todos deciden y llevan a cabo. Por ejemplo, alguien dice: «¿Dónde demonios dejo al bebé mientras entro al aseo? Estoy harta de tener que hacer una serie de sentadillas y tríceps cada vez que hago pis». Así que los aseos tienen un trípode para sentar al bebé fijado a una esquina del cubículo. Y otro que dice: «Yo odio dejar este bolso tan caro en el suelo», y los cafés más modernos tienen unos pequeños estantes plegables bajo la mesa donde puedes poner tus cosas.

Los tenían en el café al que fuimos esta mañana, en Jiyugaoka. Es un barrio muy refinado y moderno, un poco hacia el sur de donde vivimos nosotros, en Kichijoji (¡ja, ja, ja! Pero recuerda que no vas a vivir en Tokio con Tsubasa toda la vida, Anna. No-pierdas-la-cabeza). El café estaba cerca de «Puppily Hills», que se parece un poco a Rodeo Drive: un lugar donde puedes adornar a tu chucho como Alicia Silverstone en *Fuera de onda* (y esto enlaza con la cantidad de veces que he mirado a un carrito esperando ver un bebé dentro y encontrarme con una carita peluda llena de lazos) donde nos sentamos frente a una familia con todos sus miembros vestidos con camisetas de rayas marineras, como si fuera algo totalmente normal (que parece serlo, porque me he fijado en que esta práctica es habitual en familias y parejas). Jiyugaoka respira una calma que sabe a lujo. La principal zona de tiendas está llena de pequeños negocios independientes y muy bonitos, y las calles residenciales, a una manzana de la vía principal, son tan apacibles como si estuvieran en pleno campo: lo único que se oye es el canto de los pájaros y el sonido ocasional de alguien que practica el violín. Llegamos a una tienda cuya entrada era un árbol con ramas entrelazadas, como si fuera un lugar mitológico. Dentro había un hombre con una máquina de coser fabricando zapatillas de bota con tela de kimono, con un instinto para el color, la textura y la rimbombancia que habría impresionado a Vivienne Westwood. No creo que la gente esté muy interesada en la generalidad, aquí en Japón. Lo que uno hace es centrarse en lo que le interesa, y luego convertirse en el rey de los expertos de un campo muy muy específico. Tsubasa dice que la parte positiva de esto... Vale, sí, hay muchas cosas buenas, pero una de ellas es que no saber algo no representa un problema. Fuera de tu campo de acción uno tiene que recurrir a los expertos, naturalmente, así que la ignorancia acaba dando a otras personas la oportunidad de sobresalir. Y, como *modus operandi*, resulta muy relajante.

Por suerte, nuestra vida juntos no ha supuesto un impedimento para continuar con la intensa exploración de la ciudad. El fin de semana subimos al bellísimo monte Takao, donde comimos tororo soba (¿te acuerdas de esos ñames que se ponen tan pegajosos cuando los pones a la parrilla? Deliciosos: los sirven en un cestillo sobre *noodles* de trigo sarraceno) mientras contemplábamos el monte Fuji; a nuestro regreso volvimos al onsen Gokurakuyu de la estación. Le dije a una compañera de trabajo que iba a subir al Takaosan y me contó un montón de leyendas contradictorias, como que si subes con alguien os enamoraréis al llegar a la cima. O que si subes con alguien vais a romper. No sé cuál de las dos es verdad.

Y no te lo vas a creer, pero Tsubasa ha reconocido que se acordaba de nuestro morreo de Londres y que, de hecho, ha estado pensando en ello. Y no solo desde que me vio en Roppongi, la primera vez, sino continuamente, ¡¡*desde que sucedió*!! Eso afirma. Se lo inventa, ¿a que sí?

¿Te puedes creer que me tenga que marchar en menos de dos semanas?

Xxxxx

Lunes, 26 de agosto, Tokio, 03:02 horas
De: ikemototsubasa@cybermail.jp Para: annabanana@gmail.com

Anna: ¿llegaste bien? ¡Ya te echo de menos! Por favor, ten en cuenta mi uso de los signos de exclamación y llámame en cuanto puedas.

Miércoles, 25 de septiembre, Londres, 09:16 horas
De: annabanana@gmail.com Para: ikemototsubasa@cybermail.jp

Estoy muy contenta de haber hablado contigo anoche. ¿Cómo podía la gente mantener una relación a distancia antes de las videollamadas? (Una pregunta que, por cierto, puede uno hacerse respecto a tantas cosas... Pero la verdadera pregunta es cómo sobrevivía la gente, en todos los sentidos, antes del siglo XXI...) ¿Te puedes creer que hace justo un mes yo estaba en Tokio y vivíamos juntos? ¿Cómo puede parecer que ha pasado toda una vida?

El tipo del que te estaba hablando, Félix, me envió un mensaje por IG hoy mismo, diciéndome que va a estar en Tokio la semana que viene. ¿Crees que tendrías un par de horas para dar una vuelta con él? Si no puedes no te preocupes, ya sé que tienes un trabajo muy absorbente y tampoco es que yo le conozca tanto... Estábamos juntos en sexto, y en aquellos tiempos era un tipo muy gracioso. Pero ahora que va a Tokio me da envidia de él y, si pienso que a lo mejor os veis, ya ni te cuento.

Viernes, 4 de octubre, Londres, 23:30 horas

¿Tsubasa? ¿Qué tal Félix? ¿Por qué no has respondido a mis mensajes?

Sábado, 5 de octubre, Londres, 09:15 horas
De: annabanana@gmail.com Para: ikemototsubasa@cybermail.jp

Acabo de ver lo que ha publicado Félix de Tokio en Instagram. La verdad es que ha peinado el terreno...

Tokio, 11:30 horas
De: ikemototsubasa@cybermail.jp Para: annabanana@gmail.com

Querida Anna:

1. Félix me explicó lo del ikigai y el wabisabi.
2. Me lo contó en el tren; hablaba muy alto, así que todo el vagón se enteró.
3. Me dijo que el natto era «verdaderamente repugnante. Lo siento, tío».
4. Dijo que sabía que Tokio «ya no molaba», pero que le parecía que tenía que verlo de todos modos.
5. Hizo fotos de todos los sitios donde había un cartel que decía que no se hicieran fotos. Hizo fotos de la gente comiendo.
6. Me dijo que debía mostrarme orgulloso de mi herencia.
7. Fumaba en la calle porque según dijo, sonriendo, la última vez que hizo el intento, este era un país libre.
8. Dijo que las mujeres japonesas le provocaban un no-sé-qué.
9. Dijo que la cama de su hotel era demasiado pequeña para una «persona real».
10. Me explicó que la sociedad de Japón está envejeciendo, y que la única solución es que el país se abra más.
11. Dijo que era una vergüenza cómo se habían destruido los ideales japoneses, y que él personalmente no podría vivir en una sociedad tan reprimida y tan rígida, en lo emocional. «Yo es que soy una persona que necesita mucha más libertad, ¿sabes?».
12. Tuve que llevarle al café Monzen Nakacho, donde te llevé a ti, porque él lo sabía todo de ese lugar.

Estoy seguro de que sus reflexiones sobre Tokio, su Edén Oriental caído, encontrarán un puesto en Instagram sin que pase mucho tiempo, junto con la dirección exacta de ese café.

Martes, 8 de octubre, Londres, 22:14 horas
De: annabanana@gmail.com Para: ikemototsubasa@cybermail.jp

Vaya.

Pues qué bien, sí.

Nunca había recibido un correo electrónico que fuese una lista y nada más.

... entiendo tu punto de vista, pero creo que el número 2 no suena precisamente delictivo, ¿no? Y quizás lo del 6 lo dijo con su mejor intención...

Además, su comportamiento no es culpa mía. Entiendo que es un extranjero grotesco, pero no todos somos así. Siento lo del café Monzen Nakacho. Sé lo mucho que molesta que un lugar al que tienes cariño caiga en manos de la turba de Instagram.

Tokio, 08:12 horas
De: ikemototsubasa@cybermail.jp Para: annabanana@gmail.com

Querida Anna,

Lo siento. Ya sé que no era culpa tuya.

¿Te acuerdas cuando fuimos a Akihabara? Había tantos turistas, y está tan lleno de tiendas de manga y locales de baile y *maid cafés* y otaku japonés y otaku extranjero... Es un sitio extraño, porque me parece que la gente percibe el otaku como algo rarito y en cierto modo patético. Hay muchos artículos en los periódicos de todo el mundo que hablan del fenómeno del otaku, de los hombres japoneses que se casan con hologramas y de lo extraño de la industria japonesa del sexo... Y parece que este lugar encarna todo eso. Lo cierto es que a mí me parece maravilloso que exista un lugar así, donde pueden reunirse personas cuyos intereses ha contemplado la sociedad con un punto de desprecio; existe incluso un debate relativo a la industria del sexo: tal vez es estupendo que la gente tenga una mentalidad tan abierta. Pero me siento incómodo cuando veo a los turistas que merodean por allí, porque pienso que volverán al sitio del que han venido y contarán historias de lo raro que es Tokio.

Y no sé si esto está conectado, pero son sentimientos que afloran uno junto a otro: ver que el acento japonés, en televisión, ha sido el hazmerreír durante mucho tiempo, que el estereotipo de hombre asiático (aparte de notables excepciones, como Jet Li) ha sido el rarito enclenque y con gafotas, y que en el extremo opuesto se está explotando una especie de sabiduría oriental antigua que los extranjeros creen que necesitan explicarnos. Japón es uno de los pocos lugares que desarrollaron, originalmente, la influencia occidental, y me doy cuenta de que puede parecer arrogante decir algo así de mi país y que nuestra enrevesada historia no es fácil de debatir, pero muchas veces me sorprendo al contemplar la resiliencia de Japón y su voluntad de progreso. Este país ya estaba totalmente industrializado en 1868, cuando los EE. UU. nos obligaron a abrir nuestras fronteras, pero en 1940 se había convertido en una potencia capaz de desafiarles. Nuestra derrota fue total; dicen los informes que en 1945 apenas quedaba en pie un 10 % de los edificios de Tokio, por no hablar de lo diezmado que había quedado el resto del país, pero incluso así, en 1970, Japón era la segunda economía mundial. Al *boom* Izanagi de los años setenta y el de Heisei, en los ochenta y noventa (durante los cuales Japón gozaba del PIB más elevado del planeta) siguió, naturalmente, un crecimiento económico cero, y Japón es consciente de los muchos problemas que tiene. Pero por favor, no me malinterpretes: no pretendo pintar a Japón como la víctima inocente de Occidente. Solo quería contarte todo lo que aflora en mí cuando Félix me da un sermón sobre la economía japonesa o me dice que va a fumar en la calle porque le apetece. Imagino que lo que me pasa es, simplemente, que a veces no me hace gracia que venga un extranjero aquí convencido de que tiene que educarnos, o que tienen una especie de monopolio sobre nuestra cultura, o que a ellos no se les aplican las normas. O que confunden cortesía y hospitalidad con servilismo.

Creo que no soy la primera persona que dice esto, y que Japón tampoco es, probablemente, el primer país cuyos habitantes se sienten así. Y con «así» quiero decir «ven a visitarnos si te apetece; si eres un humano fundamentalmente razonable y considerado, eres bienvenido. Pero, si traes un montón de prejuicios, te sientes muy importante o no tienes el menor tacto, haz el favor de largarte de aquí: gestiona todos los problemas que hay en tu lugar de residencia, y a nosotros déjanos en paz». Naturalmente, no creo que todos los extranjeros sean así de grotescos: hay muchos que me gustan. A ti te adoro; y, como uno de esos añadidos que tanto te gusta usar, te diré que sé que tú nunca hablarías a gritos en el tren.

¿Me perdonas por lo de la lista?

Tsubasa x

Miércoles, 9 de octubre, Londres, 06:37 horas
De: annabanana@gmail.com Para: ikemototsubasa@cybermail.jp

Lo único que he leído de este correo es que me adoras.

Martes, 21 de octubre, Tokio, 23:13 horas
De: annabanana@gmail.com Para: mia.haseda@milburneschool.edu

Querida Mia:

Resulta que el *jet lag* no es para tanto: a fin de cuentas, lo único que hace falta es un montón de adrenalina, y todo lo demás se queda en nada. Llegué el viernes; luego Tsubasa y yo fuimos a pasar el fin de semana a Kamakura. ¿Es posible que el otoño aquí sea aún más hermoso que la primavera? Recorrimos a pie las montañas, rodeados de arces cuyas hojas se han vuelto del color de las llamas, y nos detuvimos a tomar un té verde en los jardines del templo de Hokokuji, escondido en los bosques de bambú que yo creía que eran exclusivos de Tokio. Kamakura era antes la capital de Japón: lo fue entre 1185 y 1333, y tantos años después aún desprende un aura de estado, con sus templos, sus calles y sus bosques de generosas proporciones, y esa sensación aumenta cuando contemplas la enigmática sonrisa de la estatua de piedra de Buda, que es gigantesca. Paseamos por Komachi-dori, una calle comercial al viejo estilo, con edificios bajos, y llegamos a la playa al atardecer. La mayoría de los surfistas han cerrado sus puestos ya para el invierno, pero aun así, según los estándares ingleses, todavía no hace frío. Había una pareja con traje de neopreno, bailando en la cresta de las olas bajo los últimos rayos de sol, con el mar de color naranja como el fuego, con vetas doradas. Tendría que haber resultado de lo más hortera que me pidiera allí que me casara con él, pero no lo fue.

Martes, 14 de enero, Tokio, 06:14 horas
De: eileen.rowlands@me.com
Para: margaretodonoghue@rutcliffeparischurch.co.uk

Querida Margaret:

Este país es extraordinario hasta el último rincón, exactamente como pensé que sería. Para empezar, los váteres tienen tantos botones que parece que va uno a lanzar una nave espacial. Había un cartel en la puerta de la cabina de los aseos del aeropuerto con el dibujo de un monigote agachado sobre el inodoro, de espalda, tachado con una equis enorme. ¿Por qué diablos iba a sentarme en el inodoro de espalda? Me parecen increíblemente paranoicos.

La boda fue muy peculiar. No tengo ni idea de por qué eligieron enero, porque aquí el frío se mete hasta los huesos. Dije a Anna que al menos podrían haber celebrado la boda en Navidad, algo más festivo, y me dijo que aquí el día de Navidad ni siquiera es festivo. Dice que por Navidad ella y su novio comieron Kentucky Fried Chicken, que tuvieron que pedir con seis semanas de antelación porque es una comida muy popular en esa época, y que salieron a la Tokyo Tower... ¿Tú has oído una cosa igual?

De todos modos, hubo una ceremonia nupcial en un templo llamado Kuhonbutsu Joshinji (tuve que copiar el nombre del programa de boda, Margaret, es demasiado complicado para mí), que era un templo muy apacible, en un vecindario muy lujoso llamado Jiyugaoka: no era en absoluto lo que yo había esperado de Tokio. Anna llevaba una especie de caja blanca en la cabeza que, según me dijo, era para taparse los cuernos. Pensé que no me había enterado bien, pero ella insistió. El novio llevaba puesto una especie de vestido negro que resultaba sorprendentemente cautivador.

Ya sabes que a mí me gusta hacer las cosas como es debido, así que me he aprendido el código de comportamiento que hay que seguir cuando uno entra en un templo. O en un santuario. Anna dice que aquí tienen los dos, lo que me parece pura indecisión. En todo caso, delante de estos edificios siempre hay una cabaña con una pequeña pileta de piedra muy curiosa, con unos cacillos. Temizuya me han dicho que se llaman. Llenas el cacillo de agua, te lavas primero la mano izquierda y después la derecha, y luego te enjuagas la boca. Son muy especiales con el orden de la operación. A mí no me parecía muy higiénico lo de enjuagarme así la boca, porque nunca se sabe en estos sitios extranjeros, pero Anna se lo tomó muy a pecho cuando mencioné esta preocupación. Es muy susceptible, la verdad.

En el mismo sentido, cuando llegas al templo hay una caja enorme con tiras de madera. Si echas unas monedas en la caja, retumban al caer al fondo, y entonces haces una reverencia con la cabeza. Dos veces. Luego juntas las manos, también dos veces, y vuelves a inclinar la cabeza un rato. No estoy segura de si es necesario hacer tres reverencias, la verdad, pero ya me conoces, Margaret: lo que sea para facilitar las cosas.

Por lo que parece, aquí en Tokio es lo más celebrar una boda tradicional, al estilo local, y otra al estilo occidental, con vestido blanco y todo. La capilla tenía exactamente el mismo aspecto que un pastel navideño. Gracias a Dios el banquete de boda fue en un restaurante, con mesas y sillas para sentarse. Lo de sentarse en el suelo a comer está muy bien para los de aquí, que son muy flexibles, pero a mí no me parece muy elegante y estoy convencida de que no puede ser bueno para la digestión. Tengo que decir que el banquete occidental no estuvo nada mal. Pensé que Anna estaría encantada con el cumplido, pero naturalmente tuvo que objetar: dijo que Tokio es la ciudad con mayor número de estrellas Michelin de todo el mundo, así que no debería sorprenderme que sean capaces de cocinar todo lo que caiga en sus manos. Qué quisquillosa.

Anna y su marido no van a ir de luna de miel inmediatamente, lo cual me resulta de lo más llamativo.

En lugar de eso, nos llevó a Mia y a mí a varias excursiones de un día, mientras el marido *trabajaba*... ¡Justo después de casarse y con la familia aquí, de visita! A mí me parece una cosa obsesiva, Margaret. Hicimos una excursión a Kawagoe, que es una ciudad famosa por sus antiguos edificios de madera, encantadores. Tenían en medio una antigua torre de vigilancia de incendios, muy alta, con una campana que algún alma desdichada ha de hacer sonar en caso de incendio. Para que el fuego no se propague, tienen una práctica muy simple: se derriban los edificios colindantes con el incendiado. ¿Te imaginas, Margaret, que estás allí a lo tuyo, tienes un vecino lo bastante descuidado como para provocar un incendio, y te tiran la casa al suelo? ¡Es un horror! Anna dice que la madera es el material más adecuado para un clima tan hostil y para los terremotos, pero, la verdad, yo no puedo dejar de pensar que es una falta de sentido común no construir las casas de piedra, como siempre se ha hecho en Inglaterra.

También nos arrastró a una competición de sumo, en el estadio de Ryogoku. Es un lugar de lo más turbio. Llevábamos un pícnic y nos sentamos en el suelo en una especie de corral. Te aseguro que era de lo más incómodo, y mucha gente estaba bebida; el espectáculo duró todo el día, y los espectadores entraban y salían como les daba la gana. Yo aproveché la oportunidad para informarme sobre ese deporte. Hay un *ring* circular donde se desarrolla la lucha, y quien sea expulsado del *ring* pierde. Los luchadores solo pueden agarrarse uno a otro por el cinturón. Según parece era una representación que se hacía en honor a los dioses, y todavía incluye algunos rituales religiosos como echar sal por el suelo del *ring* para purificarlo. No hay categorías por peso, así que te puedes encontrar perfectamente a un alfeñique insignificante que sale volando, lanzado por una completa bestia. La verdad es que intimidan bastante, ahí de pie en taparrabos. Y el luchador de más alto rango, llamado Yokozuna, se considera un dios. ¿No te fastidia? Le dije todo esto a Anna y ella me respondió que no era tan distinto de como tratan a los futbolistas en Inglaterra, y que seguramente intentar meter un balón en una red es mucho más absurdo que intentar sacar a otra persona de un círculo.

“El luchador de más alto rango, llamado Yokozuna, se considera un dios”

Al contrario que mi sobrina, aquí son extremadamente amables, gente muy cortés y dispuesta a ayudar, Margaret. Y está claro que se sienten muy seguros. No dejo de ver a esos niños tan pequeños que van por ahí solos; al principio buscaba a sus madres instintivamente, pero dice Anna que aquí es bastante común que a los cinco o seis años los niños ya vayan solos a hacer recados, a la tienda, o a la escuela, y que a los siete montan solos en el transporte público, tan felices, para ir al colegio o a hacer deporte, o a esas clases de matemáticas que tienen hasta que se acaba el día. ¿Te imaginas?

Anna nos llevó a Mia y a mí a ver el piso al que se van a mudar el mes que viene. Es que no te puedes hacer idea del tamaño del piso en el que han vivido hasta ahora, Margaret. La casa nueva está en un bloque de apartamentos de ladrillo rojo en una zona llamada Azabu, cerca de una callecita muy mona, con tiendas y, según entiendo yo, un supermercado internacional, a Dios gracias. Al menos ahora tendrán un dormitorio, aunque de todos modos no cabe un alfiler.

Te veré pronto, Margaret. Y te enseñaré fotos.

Eileen

Miércoles, 4 de febrero, Tokio, 10:21 horas
De: annabanana@gmail.com Para: mia.haseda@milburneschool.edu

Querida Mia:

¡Saludos desde Tokio, tierra de los recién casados y recién regresados de la luna de miel! Me hizo TANTA ilusión verte en la boda... ¿¿Por qué no te vienes a vivir aquí?? ¡¡Ya te estoy echando de menos!!

La luna de miel fue maravillosa: mucha nieve y mucho calorcito. ¿Podría la tía Eileen haber preguntado más veces que por qué se nos había ocurrido casarnos en invierno? Pues porque el amor verdadero NO PUEDE ESPERAR, tía Eileen... ¿es que no es obvio? A la madre de Tsubasa también le sorprendió que fuéramos a Nikko en lugar de a Hawái, que al parecer es lo que se lleva. A mí me encantó Nikko, un territorio lleno de templos patrimonio de la humanidad, todos ellos con una ornamentación absolutamente de locos, una orgía de oro y rojo que aún sorprendía más con el frío. Caminamos por el abismo Kanmangafuchi, una garganta rocosa bordeada por centenares de estatuas de Ojizosama. ¿Te fijaste en ellas cuando estuviste allí? Esas estatuas de piedra con gorros y baberos rojos... Se ven por todas partes: son de Boddhisatva Jizo, budista, que en japonés culto se llama O-Jizo-Sama. Es el protector de los niños, sobre todo de los que han fallecido: él los introduce en el cielo, la llamada Tierra Pura, escondidos bajo su túnica, porque durante su corta vida no han tenido tiempo de acumular el karma suficiente para entrar por sí mismos. En torno a estas estatuas de Ojizosama suele haber juguetes y prendas de ropa que han dejado allí los padres dolientes de estas criaturas, y las de Kamangafuchi no son una excepción. Es terrible, ¿verdad? Tsubasa dijo que la única forma de enfrentarse a algo así es pensar en la bondad y la esperanza que hay en esta historia en lugar de centrarse en la tristeza, y dar las gracias a Ojizosama. Así que eso hicimos. Luego paseamos por la garganta, y fue muy hermoso.

También recorrimos una avenida bordeada de cedros que, al parecer, tiene una longitud de 37 kilómetros, y remamos en el increíble lago Chuzenji envueltos en diez mil capas de ropa y desafiando la advertencia de los amables recepcionistas de nuestro hotel, que no veían claro en absoluto lo de estar a la intemperie con ese frío. Pero a mí me encanta el sol del invierno, ¿a ti no? Todo estaba tan fresco, tan luminoso, tan reluciente, en las montañas de alrededor del lago... Además, claro está, hacer onsen al aire libre es una delicia total. Gracias a nuestro estatus de recién casados en luna de miel conseguimos una habitación en nuestro ryokan con un onsen privado en el balcón. ¿Es posible que contemplar un valle verde de colinas y bosques, la nieve brillando en las montañas lejanas mientras estás sumergido cómodamente en un baño de espuma caliente, sea el sumun de la existencia humana? Yo creo que SÍ.

Ha sido una extraordinaria fortuna haberme podido venir a trabajar a Tokio. Ya sabes que la tía Eileen está convencida de que sigo fingiendo, y pasando los días sentada en un diván, comiendo uvas, ¿no? Algo que, mira tú por donde, no es fácil conseguir en Japón, así que tendré que tumbarme en un futón, aunque no tenga exactamente el mismo rollo. Por suerte no tengo que hablar japonés en el trabajo, ya que estoy a cargo de la sección internacional y llevo solo marcas de habla inglesa, pero de todos modos estoy intentando aprenderlo y me he matriculado en un curso intensivo. La profesora es una señora muy seria que empezó dándonos una lección de historia de la lengua japonesa, que no voy a repetir aquí porque debes de saberte de memoria todos los contenidos de mi cerebro en todo momento, como me pasa a mí contigo.

Así que ya sé que el japonés tiene tres sistemas de letras: dos alfabetos fonéticos —hiragana y katakana— y el kanji, que son los caracteres simbólicos (o logográficos) adaptados de la escritura china. La parte mollar del japonés está escrita en kanji, y el hiragana es sobre todo para elementos gramaticales (como desinencias verbales o conjunciones) y para explicar la fonética japonesa, para facilitar la lectura de un nombre o un sustantivo o para que los niños puedan escribir cuando aún no saben kanji. El katakana es otra forma de escribir las letras, distinta del hiragana, para representar el mismo sonido; parece que en su origen lo emplearon los monjes budistas para facilitar la transcripción de caracteres chinos en textos religiosos. Ahora se utiliza para las palabras extranjeras; así que los nombres o las marcas extranjeras, o esas palabras impostoras como *ordenador* o *helado*, están en katakana (al igual que algunas palabras onomatopéyicas, de las que hay un montón en el manga, por ejemplo). Cada letra en hiragana o katakana es una sílaba, es decir, que en japonés no podrían hacerte un examen de deletreo. Parece ser que hay unas 120 sílabas distintas en japonés, mientras un idioma como por ejemplo el inglés, donde los sonidos se funden unos con otros, tiene aproximadamente 1000. Nosotras aprendimos hiragana en el colegio, acuérdate, que es lo que hacen los niños pequeños, pero a mí se me ha borrado de la mente, lo que resulta muy útil.

Podría parecer que no tener exámenes de deletreo facilita la lectura o la escritura... ¡Ja! Nada de eso. Porque, en lugar de aprender a deletrear, tienes que aprender kanji. Cada símbolo kanji es una palabra de lo que podríamos llamar un bloque de construcción. Es decir: tienes una letra que significa «ahora» (今) y otra que significa «día» (日), y si las pones juntas forman la palabra *hoy*. También significa que cada kanji tiene un sinfín de maneras de leerse, ya que suena distinto si se lee individualmente o como parte de una palabra más larga (de ahí la necesidad del hiragana como aclaración, sobre todo para los que están aprendiendo). Por ejemplo (今) se lee «ima» cuando significa «ahora», y (日) se lee «hi» cuando significa «día». Pero cuando van juntos, (今日), forman la palabra «hoy» y se lee «kyou». A veces, si sabes kanji, puedes en cierto modo captar el sentido de lo que pone en un texto escrito en chino, pero el vínculo es endeble y, desde el punto de vista lingüístico, pertenecen a familias totalmente distintas.

Y lo más relajante: existen alrededor de 40 000 símbolos kanji. Pero nuestro profesor nos dijo que nos tranquilizáramos, porque solo 2136 son los llamados joyo, es decir, los símbolos oficiales que se emplean habitualmente para escribir. Así que está muy bien; quiero decir, ¿quién va a empezar a hiperventilar ante la necesidad de aprenderse 2136 símbolos independientes como mínimo, además de otros dos alfabetos? ¿Y de no ser capaz de leer un periódico o un libro hasta que te los hayas aprendido todos? Lo cierto es que esta es una forma muy eficaz de censura basada en la edad o de motivación para aprender, según cómo te lo tomes. Naturalmente, todos aprenden también el alfabeto en inglés, ya que el mundo es el mundo. Me pregunto si se aprenden todo el alfabeto inglés en

“¿Quién va a empezar a hiperventilar ante la necesidad de aprenderse 2136 símbolos independientes como mínimo, además de otros dos alfabetos?”

veinte minutos y luego se preguntan en qué demonios invierte su tiempo todo Occidente.

A mí me gusta aprender las raíces pictóricas del kanji: «uno», «dos», «tres», por ejemplo, son muy sencillos (一, 二, 三), aunque no tardan en salirse del carril, porque «cuatro» es (四), y «seis», (六). Es desesperante. Nuestra profesora dibuja unos símbolos muy bonitos que van con «río» (川) y «persona» (人): basta con imaginar una persona caminando; otra explicación que me gusta mucho es que una persona solo existe si va con otra, es decir, como si hubiera dos personas una apoyándose en la otra: toda una tesis sociológica en un símbolo hecho con dos trazos. Luego están los radicales, que forman símbolos. El símbolo que designa la boca, por ejemplo, (口), que es un dibujo muy claro que se explica solo, sirve para formar el símbolo que significa «decir» (言), que es uno de tantos símbolos que tienen que ver con el lenguaje, como «leer» (読) y «hablar» (話). Estupendo, ¿verdad? Todo el lenguaje escrito es un mapa pictórico de detective que te hace (me hace) pensar en conexiones en las que nunca habías reparado. Hay mucha especulación en torno a si tener un sistema pictórico hace a la gente más proclive a la imagen que si se tiene un alfabeto fonético, lo que es una cuestión muy interesante para una cultura que nos ha dado, por ejemplo, el manga. Y que está obsesionada con él.

Junto a la desalentadora perspectiva del kanji, estamos aprendiendo a hablar japonés, muy poquito a poco. A mí me sorprendió ver cuántas palabras que hacen referencia al japonés tenemos, por ejemplo, en inglés, como emoji (que literalmente significa «dibujo-carácter»), sudoku (una forma resumida de decir «los números tienen que quedar en una sola cifra», claramente), kamikaze («el viento de dios»), umami («un sabor delicioso»). Y karaoke o karate... Parece ser que en Inglaterra somos muy aficionados a las cosas vacías, ya que el significado de estas palabras es «sonido vacío» y «mano vacía», respectivamente. ¡Y qué me dices de Wagamama, la cadena de *noodles*! ¿Sabías que esa palabra significa «egoísta»? Mis palabras favoritas en japonés, hasta el momento, son las onomatopéyicas, que encuentro fantásticas. ¡Hay tantísimas! Estoy haciendo una lista de las mejores al final de mi cuaderno de japonés, como buena friqui que soy. Aquí te pongo algunas:

Jiro-jiro: la forma en que se mueven los ojos de la gente cuando miran a su alrededor en un vistazo rápido.

Poka-poka: el sonido que hace el vapor cuando sale de algo caliente, normalmente nuestra propia piel después de un buen baño.

Bata-bata: el sonido que hace una persona al deambular cuando tiene prisa, como dando vueltas.

Y esto es solo una esquirla de hielo de la punta más punta de ese *iceberg* que es el maravilloso vocabulario japonés. ¡Me encanta!

Con más amor aún de tu hermana que te quiere, feliz y enamorada de absolutamente todo,

Anna xxxxxx

Lunes, 1 de noviembre, Tokio, 22:14 horas
De: annabanana@gmail.com Para: mia.haseda@milburneschool.edu

Querida Mia:

Llegó esta semana, y toda la humedad del ambiente se desvaneció de pronto. Toda, toda. En verano hay tanta humedad aquí que da la impresión de que todo está mojado, constantemente; pero de pronto tengo tan seca la piel de las manos, y los labios cortados, que parezco un trozo de tierra agostada que alguien se olvidó de regar, y Tsubasa me dice que sí, que todos los años por estas fechas el departamento de bomberos va por ahí dando charlas para que la gente no deje ningún tipo de cristal junto a la ventana, porque la luz del sol, al atravesarlo, basta para provocar un incendio. Está claro que Tokio no es un lugar que cree en la moderación.

El trabajo por aquí, como de costumbre, gracias. ¿Te puedes creer que llevo ya casi un año viviendo aquí? A mí me cuesta creerlo. He tenido un encontronazo diabólico con una abuela, la vecina de al lado, porque me equivoqué con el reciclaje a pesar de todos mis esfuerzos. Cada día recogen unos residuos diferentes, y cada uno de esos residuos tiene que pasar antes por un proceso de lavado y cortado. Después hay que atarlos y colocarlos en contenedores de color determinado para cada uno, que están separados entre sí como a un kilómetro de distancia... Y así sucesivamente. No es extraño que la mayoría de las parejas tengan servicio doméstico interno. Solo organizar la basura de la casa ya es un trabajo a tiempo completo. Nuestra vecina es una persona muy cumplidora de la ley (aunque, según el rasero de Tokio, está dentro de la media) que pasa la mayor parte de su tiempo dedicada al reciclaje de sus residuos y a echarnos la bronca a Tsubasa y a mí. Él intenta hacerme una traducción elegante, pero incluso antes de empezar las clases de japonés creo que yo habría entendido perfectamente la palabra que me espeta con más frecuencia: *gaijin*, o *extranjera*. Tsubasa dice que no me lo tome como algo personal, y que muchas de estas actitudes (supongo que todas las que terminan en *-fobia*) se consideran actitudes showa, es decir, del período Showa, en tiempos del último emperador. Así que lo que pasa, básicamente, es que la nueva generación está a la espera de que esto se diluya con el tiempo.

He empezado a doblar las clases de japonés, claro, porque creo que me resultará un poco más fácil caer en gracia a la gente si lo hablo perfectamente. Aunque con tantas variantes del idioma como existen (totalmente informal, bastante informal, bastante correcto, correcto, muy correcto, profundamente correcto, etc.), nunca llegaré si quiera a rozar la perfección. Toda la gente que he conocido hasta ahora y con la que podría entablar amistad es muy agradable: mis compañeros de trabajo, nuestros vecinos de abajo, la señora tan maja de mi clase de *spinning*... Pero también son profundamente correctos, si aplicamos esa escala. Así que siempre me siento como si estuviera haciendo algo mal (lo que es altamente probable). Es como estar en un ritual de cortejo cuyas reglas desconozco. El otro día tomé un café con una mujer con la que he entablado relación por el trabajo y en un momento dado me pregunta cuáles son mis *hobbies*... Imagino que no tendría que haberme sorprendido tanto, pero me sorprendió. O me pilló desprevenida. Creo que hace años que no he tenido *hobbies* propiamente dichos. Me contó que ella estaba estudiando italiano y baile de salón, y que después va a hacer un curso sobre la forma adecuada de ponerse un kimono. Luego se echó a reír y dijo que a las mujeres japonesas les encanta mejorar y pulirse... Creo que es la manera idónea de explicarlo. Parece que todo el mundo está siempre perfecto, se presentan impecables, estudian muchísimo e intentan ser el mejor empleado, un padre modelo, el ciudadano ideal. Bueno, no *todo el mundo*, claro, pero existe esa sensación generalizada. Yo no soy una persona «pulida». Ni siquiera soy un diamante en bruto. Soy más bien una piedra irregular, y cada vez más me estoy empezando a sentir como si fuera un bulto enorme e inútil.

¡Ja, ja, ja! No me hagas caso. Está claro que no he dormido suficiente y, seguramente, tengo hambre.

Todo mi amor,
Anna

Martes, 2 de noviembre, Tokio, 02:13 horas
De: annabanana@gmail.com Para: mia.haseda@milburneschool.edu

No, no pasa nada. Todo bien.

En general.

Es solo que Tsubasa nunca está en casa. Pero nunca. Se marcha a las siete y media de la mañana, todos los días, y vuelve a las diez o las once de la noche. Trabaja todos los sábados, y los domingos, que no trabaja, o está muerto o no es capaz de moverse más que como un zombi. Que lo entiendo, sí, pero no es lo ideal. Dice que espera que cuando se termine su contrato las cosas sean más fáciles. Pero está funcionando en modo piloto automático para dejar a prueba de terremotos ese vecindario de las afueras de Tokio donde la población está muy envejecida y, por tanto, es muy vulnerable. Así que aunque llegue el momento en que acabe ese contrato llegará otro, y otro más y más proyectos urgentes, y entonces... ¿es que nunca va a salir de ese modo de piloto automático? Me gustaría poder decirle: «Anda, olvídate de todos estos ancianitos tan dulces y que corren tanto peligro y vente conmigo de bares».

¿Te acuerdas que al principio Tsubasa me dijo que el lema japonés es «ganbatte», que significa «hazlo todo lo mejor que puedas»? Pues ahora dice que hay otro, fundamental, que es «gaman», y significa «agárrate y aguanta». Dice que el trabajo duro es solo una de las cosas que hacen falta para «gaman». Y yo me pregunto: ¿hasta cuándo?

He comentado esto con un par de compañeras de trabajo y me han mostrado toda su comprensión. Ponen los ojos en blanco en un gesto de paciencia, como si fuera el típico tic de marido encantador. Pero ¿lo es? Una de ellas dijo que lo más complicado era mantener la cena caliente para el momento exacto en que el marido entra por la puerta. ¿De verdad? Y esta misma colega cree que este es el problema principal

—y ahora viene lo alucinante— porque hace poco que se casó y adivina lo que pasó: le bajaron el sueldo. Al parecer había una cláusula que ella desconocía, una «asignación por vivienda», que se supone que ya no iba a necesitar porque iba a convivir con su marido, que —era de esperar— sería quien cubriera ese gasto... El marido es el que provee... Mia, ¿cómo se puede expresar esto con palabras? Le pregunté si esa gilipollez no le había hecho desear un cambio de empresa y me dijo que, en primer lugar, en otra empresa sucedería lo mismo y además que es demasiado mayor para ello. Aquí se supone que el trabajo de uno es para toda la vida, y nadie ve con buenos ojos lo de pasar una crisis de confianza o buscar un cambio cuando tienes treinta y tantos años. Tu empresa es como tu familia, y uno no va cambiando de una a otra solo porque se porten mal contigo, ¿verdad?

Cada vez estoy más convencida de que el motivo por el que mi trabajo no me consume por completo y mi horario no es tan malo (aquí trabajo más horas, pero no tantas como Tsubasa) es probablemente porque estoy ofendiendo a todo el mundo por no trabajar lo suficiente, pero no me doy cuenta. Y me importa poco, la verdad, siempre que no me despidan.

Sabías que aquí hay una palabra que significa «matarse a trabajar». Karoshi. En 2022 se registraron 2968 suicidios a causa del exceso de trabajo, eso sin contar otros problemas de salud provocados por el mismo motivo: ictus, infartos, de todo, ocasionados por el estrés y casi imposibles de cuantificar. ¡Yuhu!

Xxxxxx

Lunes, 8 de noviembre, Tokio, 09:16 horas
De: annabanana@gmail.com Para: mia.haseda@milburneschool.edu

Ay, Mia:

Como está claro que no puedo pasar metida en casa y deprimida todos los sábados que mi marido trabaja, este fin de semana me fui a Odaiba. ¿Recuerdas que fuimos allí cuando la boda? Es fascinante, sí, un lugar completamente nuevo... Odaiba se levantó en la tierra reclamada de la bahía de Tokio (que se construyó aparte, en 1853, para proteger a Edo de un ataque marítimo cortesía del encantador Matthew Perry y sus naves negras. ¿Te imaginas lo difícil que tuvo que ser CONSTRUIR VARIAS ISLAS sin electricidad, ni vehículos de motor, *ni nada*? ¡Es flipante!) en la década de 1990, así que se supone que allí no hay nada viejo. Y la línea de tren de Yurikamome, que llega hasta allí, es como ese trenecito de juguete tan mono, de cristal. Cuando fuimos juntas, me sentí como una figurita en una ciudad imaginaria del futuro. Todos esos edificios y actividades, planificados específicamente: el Miraikan, o «museo del futuro» (oficialmente Museo Nacional de Ciencias Emergentes e Innovación), Legoland, el Trick Art Museum, el acuario, los centros comerciales, hay hasta un museo de la caca. Que resumía a la perfección mi humor de hoy. ¿De verdad se embarcaron en un proyecto de construcción de esta envergadura, sobre islas artificiales, solo para instalar un museo de la caca? No respondas a la pregunta. No es una pregunta razonable en absoluto.

Lo primero que hice fue darme un paseo por donde la estatua de Gundam a tamaño natural (un

Transformer de 20 metros de altura, vaya), algo que no le deja a uno una sensación de paz interior precisamente. Luego rodeé el edificio de Fuji TV, con la esfera de metal suspendida en el centro. En lugar de un milagro arquitectónico lo percibí como un inmenso Gran Hermano amenazador, un ojo que mira hacia abajo, hacia el mar. Tenía ante mí la Estatua de la Libertad y, a lo lejos, el puente del Arco Iris, copiado del Golden Gate, y la Tokyo Tower, que copia a la Torre Eiffel. Y lo único que pensaba yo era que (a) esta ciudad está pasando una crisis de identidad y (b) qué miedo da el agua de la bahía de Tokio, que parece que está bien, sobre todo la capa superficial —y especialmente después de algunas operaciones de limpieza profunda para las Olimpiadas de Tokio—, pero que en sus nebulosas profundidades es una especie de pesadilla tóxica.

Y, como Tsubasa tuvo que trabajar también el domingo, volví a arrastrarme para salir de casa otra vez. Recordé lo mucho que nos reímos en Shin-Okubo con aquella banda de k-pop, así que terminé allí. Pero había tal multitud que decidí dar una vuelta por Shinjuku. El domingo es un día ideal para echar un vistazo a los edificios gubernamentales, ¿verdad? Menos abarrotados que de costumbre, arquitectura imponente, sede de las decisiones más importantes que se toman en el país... ¡inspirador! ¡estimulante! La peor idea que se le podría ocurrir a uno. No es que sea el momento de parafrasear a Shakespeare (o igual sí, seguramente lo sea... Parece que nunca es momento porque o bien queda muy pretencioso o bien se pasa de sabio), pero es como cuando Hamlet dijo que nada es demasiado bueno ni demasiado malo... que solo nuestra mente lo hace así. Y mi mente lo estaba convirtiendo todo en un desastre. El ayuntamiento de Tokio, ese mastodonte con ventanas diminutas y superjuntas y una redondita en el centro que parece la lente de una cámara, o un ojo. Enfrente, el edificio de la Asamblea Municipal de Tokio, con una sección que tiene la forma de un disco de metal en la parte superior y también una ventana circular que parece un ojo... Así que ahí, en la Plaza de los Ciudadanos (¿se puede *encontrar* un nombre más 1984?), una extensión de piedra tan amplia y vacía para cualquier cosa que no sea valorar el poderío del edificio... me dio un escalofrío horrible: me sentí como si me estuvieran vigilando.

Aaaaaggggg... Nada, un mal finde. ¿No te fastidia un montón *estar* de ese humor? Lo siento, lo siento, lo siento... Doy a enviar solo porque en algún momento compartimos un útero. xxxxxxx

Sábado, 4 de diciembre, Tokio, 06:08 horas
De: ikemototsubasa@cybermail.jp Para: annabanana@gmail.com

¿Anna? ¿Estás bien?

Tokio, 06:11 horas

¿Por qué no coges el teléfono? Debo de haberte llamado unas cien veces. ¿No has oído mis mensajes? ¿Por qué no volviste a casa anoche? ¿¿¿Dónde estás???

Sábado, 4 de diciembre, Tokio, 02:36 horas
De: annabanana@gmail.com Para: mia.haseda@milburneschool.edu

Lo siento, Mia. Sí, tendría que haberle dejado una nota; eso no puede estar más claro. Y siento que tuvieras que enterarte por él. Lo siento, lo siento, lo siento.

No es que tuviera *planeado* irme. No pensé ni siquiera si él volvería esa noche. ¿Te dijo Tsubasa cuando te llamó que él no había vuelto a casa desde el lunes por la noche? Durmió en el suelo de la oficina tres noches seguidas. ¡¡¡TRES NOCHES!!! Resulta casi irónico que yo esté 99 % segura de que no tiene una aventura. Está fielmente casado con su empresa, y resulta que tanto él como yo estamos inmersos en una aventura que ninguno de los dos está disfrutando especialmente.

La noche del lunes tuvimos una conversación maravillosa, cómo te lo digo. Sacó a relucir el número de horas que ha trabajado en los últimos seis meses, quizá no de la manera más diplomática posible, y esto fue lo que me dijo:

A. Cómo podría él trabajar de otro modo que no fuera así, dándolo todo, cuando una colega suya acaba de tener un bebé y volvió a al trabajo a horario completo después de la baja de cuatro semanas (el trabajo a tiempo completo después de la baja maternal no es opción aquí: o te quedas en casa como una buena madre, y hay mucha gente que defiende que es la única decisión correcta, o vuelves a trabajar con horario completo como la mujer trabajadora e irresponsable que eres, e intentas ocasionar el menor perjuicio posible a tus compañeros de trabajo), y otra, Kimurasan, está desesperada por tener un bebé, pero no cesa de posponerlo porque todo el equipo ha sufrido ya las *molestias* de la otra señora gestante. Y, además, ahora mismo está muy ocupado. Le respondí que me parecía un problema enorme para la empresa (él respondió que no, no para la empresa, sino para la sociedad al completo), pero no algo que él pudiera resolver por sí mismo, matándose a trabajar.

B. Yo estaría *encantada* de que se tomara los domingos libres, porque tiene un montón de compañeros que solo se toman un domingo libre al mes y lo destinan a jugar al pachinko, las máquinas de *pinball* que funcionan con monedas instaladas en locales con el aire acondicionado a una temperatura heladora, llenos de humo de cigarrillo y con esa musiquilla que te persigue hasta en sueños cuando la oyes al pasar. Dijo que el pachinko es un gran problema de adicción, como muestran los carteles con fotos de bebés dormidos a la puerta de estos locales donde se practica, junto al eslogan «No me dejes durmiendo en casa mientras tú juegas». Luego empezó con su rollo de siempre, sobre lo ingenioso que era eso, dado que técnicamente el juego es ilegal, o que uno gana cosas absurdas como ositos de peluche, que son los premios que obtienes, y luego vas a una ventanilla que hay en la esquina a «venderlo» para cobrar las ganancias. Que sí, es todo fascinante, pero lo cierto es que no me dio la impresión de que Tsubasa entrara de verdad en el meollo de nuestra conversación.

C. Por el mismo motivo, yo tendría que estar *encantada* de que aparte de no jugar al pachinko, no frecuente los *soaplands*, como algunos de sus colegas. Los *soaplands* son bares atendidos por señoritas que hacen un uso muy inteligente de los vacíos legales. La prostitución también es técnicamente ilegal, PERO si todo el mundo está desnudo y retozando por ahí rodeado de burbujas, y las cosas se resbalan por accidente, entonces no hay nada ilegal: no es más que un resbalón. O tal vez la pareja enjabonada se *enamora* mientras se masajean uno al otro y lo que pase después no es *prostitución*, es una *aventura*, y también es correcto. Los tecnicismos de las leyes sobre la prostitución japonesa eran, *exactamente*, lo que yo quería discutir con él.

Así que le dije que seguramente sus colegas serían unos maridos de mierda, y él me contestó que no, que un par de esos colegas suyos estaban casados y tenían hijos, y que nunca había oído quejarse a sus esposas. Y yo respondí que eran, probablemente, el tipo de pareja en el que la mujer termina refiriéndose a su marido abiertamente como la Gran Basura cuando se jubilan (que es, al parecer, la situación más extendida y habitual: ¿qué hacer con un marido obsoleto que ya no gana dinero y está *continuamente* en casa?) y que si lo que él buscaba era terminar inmerso en ese tipo de relación: que me parecía estupendo, pero no sería conmigo.

Así que parece que, técnicamente, me he ido de casa. No esperaba para nada que este año terminara así, si te soy sincera.

¿Sabías que la forma tradicional de pedir a alguien que se case contigo en japonés es preguntando si les gustaría hacerle la sopa de miso para el resto de su vida?

Te aseguro que no sé qué pensar al respecto. Xxx

Lunes, 6 de diciembre, Tokio, 19:46 horas
De: annabanana@gmail.com Para: ikemototsubasa@cybermail.jp

Querido Tsubasa:

Mira, esa conversación no estuvo bien. Yo probablemente no tendría que haber dicho las cosas que dije.

No pretendía eludir nada al no decirte dónde estoy, y tampoco hay otra persona. Estoy en Ikebukuro, en un hotel cápsula. Te parecerá raro, pero me encanta. Pensaba que los hoteles de este tipo resultarían claustrofóbicos, pero es lo suficientemente grande para no parecerlo, y no tengo una puerta bajo los pies, así que se parece más al dormitorio de un internado que a un ataúd. Me gusta subir por la escalera para meterme en la cama (me recuerda cuando recorrí Europa en mi año sabático, durmiendo en albergues juveniles, aunque sea esta una experiencia tan desagradable) porque este lugar tiene una configuración muy bien planteada y limpia. En el cabecero tengo un panel con luz y una mesilla de noche. El personal es muy agradable, y los otros residentes, muy correctos. Me gusta estar entre desconocidos. ¿Recuerdas que en tu casi primer correo decías que no te gustaba ocupar más espacio del que necesitas, y que en tu piso de Kichijoji te sentías de lo más cómodo? Pues así es como yo me siento. Y me encanta.

Estoy pensando que tal vez es un poco raro que yo sea más feliz en este hotel cápsula de lo que lo era en nuestro apartamento el viernes. No sé cómo terminar este correo.

22:13 horas

Lo de ser más feliz... Es el tipo de cosa que te propones borrar después de haberla escrito, ¿verdad? Lo siento.

Jueves, 10 de febrero, Cheshire, 13:14 horas
De: eileen.rowlands@me.com
Para: margaretodonoghue@rutcliffeparischurch.co.uk

Querida Margaret:

Bueno, pues parece que la aventurita japonesa de Anna toca a su fin. Y, entre tú y yo, no creo que ello sea malo, la verdad. Son un país con unas costumbres de lo más extravagantes. Todo eso de bañarse desnudos... Nunca me pareció un hábito muy salubre, la verdad. Y encima exhibiéndose así. Y, sin embargo, son gente de lo más cerrada. ¿Has oído hablar de un fenómeno llamado hikikomori? Se trata, al parecer, de gente que se cierra en su habitación y no vuelve a salir jamás, ¡para nada! ¿Te imaginas? La verdad, no me parece sorprendente en absoluto, porque las normas de interacción social son infinitas. Ya le dije a Anna que no pensaba ni de lejos asomar la cabeza si es tan complicado relacionarse, así que no me extraña que haya gente que decida no molestarse en ello. Lo que me gustaría saber es quien está propiciando este comportamiento tan derrotista, ¡que les dan la comida y todo! Para mí que la culpa la tienen las madres.

En la funesta boda de Anna conocí a una joven que hablaba muy bien inglés. Me habló de una amiga suya que se había divorciado, y a la que su propio abogado le aconsejó que no lo hiciera, porque la vida para las mujeres divorciadas es allí terriblemente complicada. Y aun así continúan teniendo 1,3 hijos por pareja, Margaret. No te hará falta que te eche las cuentas para conocer la repercusión que eso va a tener en Japón, como país. ¡Madre mía, madre mía!

Le he dicho a Anna que yo, naturalmente, no quiero juzgar a nadie, y que, si necesita venirse a vivir conmigo mientras decide qué demonios va a hacer, yo como es mi obligación le alquilo gustosa el trastero por una renta muy razonable. Aún no me hado respuesta.

Nos vemos en el club de bordado a las 17:30 en punto el jueves, Margaret. No te olvides. Te toca el té: por amor de Dios, esta vez no olvides llevar la leche.

Eileen

Viernes, 4 de marzo, Tokio, 20:14 horas
De: annabanana@gmail.com Para: ikemototsubasa@cybermail.jp

Querido Tsubasa:

¿Recuerdas que uno de aquellos primerísimos días que pasamos juntos en Tokio me dijiste que la mejor manera de vivir la ciudad era caminar al atardecer por una callecita trasera de algún vecindario tranquilo y escuchar a los cuervos? Tienes razón, por supuesto; es maravilloso.

Ahora estoy viviendo en Oimachi. Mi colega (¡mi amiga! Creo que ya puedo decir «mi amiga») Hiroko se ha marchado de Tokio para una temporada: ha ido a Akita, a cuidar de sus padres, así que me he quedado en su piso. Me encanta: es diminuto, pero Hiroko no tiene muchas cosas, así que me rodea una sensación de libertad. Todo lo que tiene es precioso: una cafetera italiana, dos pósteres de colores vivos, con unos marcos muy bonitos; una alfombra hecha a mano... Tal vez esa es la razón por la que aquí la gente renueva sus hogares con *cosas*: porque solo tienen espacio para tener ocho objetos y esos ocho objetos tienen que ser los más bellos, ergonómicos, eficientes y eficaces del mundo; algo así como la versión platónica del objeto. Ya parezco otra vez una cotorra.

Oimachi es fantástico. El piso está en una calle tranquila, pero solo a dos manzanas de distancia de la zona de la estación, llena de bares y restaurantes que siguen animados hasta altas horas de la madrugada y, encima de la estación, un supersento que abre 23 horas al día. No creo que haya nada, ¿verdad?, que se preste tanto a la meditación como sumergirse en el baño frío intentando quedarse lo más quieto posible para no remover la finísima película de agua que te rodea, y que ya has calentado con tu cuerpo. Enfrente de esa bañera hay un cartel, la foto de una cerveza fría, que anuncia que puedes pedir una en cualquier momento, hasta las 8:20 de la mañana. No transmite la idea de «fastídiate»: es más bien una cerveza de otsukare, la recompensa por un día duro de trabajo, el anuncio de que después del baño te vas a sentar con la toalla al cuello y a disfrutar de esa cerveza. Me encanta pensar que esa gente que trabaja en el turno de noche —enfermeras, encargados de bares, limpiadores, lo que sea— puede estar segura de que aunque su horario sea una locura al final de su jornada pueden disfrutar de un baño, una sauna y una cerveza fría. Es como una especie de palmadita en el hombro por el trabajo bien hecho. Si me despierto a media noche y no consigo volver a dormirme, siempre pienso en eso.

Viernes, 4 de marzo, Tokio, 22:12 horas
De: ikemototsubasa@cybermail.jp Para: annabanana@gmail.com

Me alegra que no hayas vuelto aún a Londres.

¿Me creerías si te digo que he pasado todos y cada uno de los 91 días, desde que te fuiste, en todo lo que podríamos haber hecho de otro modo?

También he pensado mucho en las cosas que hicimos en aquellos primeros días embriagadores, cuando llegaste. ¿Te acuerdas de que yo quería llevarte a un restaurante francés excelente, en Akasaka, pero nos metimos en un taxi y acabamos, por accidente, en Asakusa? Te diría que no entiendo cómo no me di cuenta de que el viaje se estaba haciendo mucho más largo de lo que era, pero lo entiendo perfectamente: lo único que quería era hablarte, y no fui consciente de nada más. Aunque en un momento dado me fijé, al mirar, por la ventanilla, en que pasábamos por Skytree (por fortuna es bastante difícil que Skytree pase desapercibido: esa gigantesca aguja de tejer que apunta al cielo...), y por el edificio de la cerveza Asahi, que tú llamabas, para resumir, el Moñigo Dorado.

Antes de nuestro aterrizaje accidental en Asakusa, yo llevaba años sin frecuentar la zona. Fuimos una vez en una excursión del colegio para visitar el Templo Sensoji, que es oficialmente el más antiguo de Tokio, y conocer un poco de su historia. Pero lo único que hicimos mis amigos y yo fue gastarnos en mitarashi dango y mizuame de los que vendían en los puestos de Nakamise-dori el dinero que nos habían dado los padres, y disfrutar del espectáculo de los turistas que viajaban en esos *rickshaws* rojos de enormes ruedas, tirados por hombres de increíble musculatura. Ahora se ha vuelto demasiado bullicioso, y no tenía intención de llevarte allí, pero en mi memoria permanece el recuerdo de unos momentos maravillosos, caminando a un kilómetro por hora entre las multitudes de gente entusiasmada. No había ido nunca de noche y la puerta de Kaminari-mon me pareció impresionante vista a oscuras, con el bonbori encendido como una llama, y el templo y la pagoda elevándose al fondo. Tampoco había visto nunca Hoppy Street, lo cual tiene sentido porque cuando estuve allí, con diez años, ¿me iba a fijar en una calle llena de turbios bares improvisados con toldos de lona y mesas de plástico que invadían la calle? Recuerdo haber pensado, cuando pedimos nuestra primera cerveza, que hasta ese momento no me había dado cuenta de lo maravillosa que era esta ciudad en la que llevo viviendo toda la vida.

Creo que te gustará saber que mi compañera Kimurasan está esperando un bebé. Está solo de diez semanas, así que aún es un secreto; pero me dijo que quería que yo lo supiera porque le había animado mucho a que se tomara la baja maternal y había sido muy considerado. Me dio mucho apuro decirle que esas palabras eran tuyas en realidad, pero estabas totalmente en lo cierto. Desde el pasado diciembre he estado aplicando una política de no trabajar después de las 20 horas, ni los fines de semana. Resulta que es posible hacerlo, aunque a veces cuando me marcho me miran mal. Mi compañero de mesa me dijo que mi actitud le ha animado a hacer lo mismo, y ahora es feliz de poder dar las buenas noches a su hija, a la que apenas había visto desde que nació. Pero parece una postura absurda ahora, ya que tú no estás en casa cuando llego.

Te quiere,
Tsubasa

Domingo, 6 de marzo
Tokio, 08:13 horas
De: annabanana@gmail.com Para: ikemototsubasa@cybermail.jp

Por supuesto que me acuerdo de aquella noche en Asakusa. Fue la noche en que creías que habías perdido un montón de dinero en efectivo y resultó que no lo habías cogido, al sacarlo del cajero automático, ¿verdad? Porque yo te distraje, cotorreando vete a saber qué. Me costó creer, y me sigue costando, la gran ayuda que nos prestó la empresa de ATM. Lo cierto es que es increíble tener un teléfono en el cajero automático que conecta directamente con un servicio de atención en el que ALGUIEN responde. Con una señora al otro lado de la línea que inmediatamente supo desde qué cajero llamabas y que podía (y así lo hizo) ver la grabación en vídeo de tu transacción, y darse cuenta de que efectivamente habías dejado el dinero en la máquina... Así es como uno piensa que deberían funcionar las cosas, pero por algún extraño motivo nunca lo hacen. Al menos esa es mi experiencia. ¿Recuerdas lo amable y resolutiva que fue la policía, también, cuando fuiste a dar parte del problema? Te diré una cosa: me pareció que estabas loco solo por decírselo. En Londres, si dices a la policía que te has dejado dinero olvidado en plena calle, primero te mirarían confundidos, porque ¿qué van a hacer ellos con un dinero que cualquiera se hubiera metido en el bolsillo en el mismo milisegundo que tú lo soltaste? Después de eso he leído que cada año se devuelven a sus legítimos dueños tres mil millones de yenes en efectivo.

“Aquí todo funciona como funciona porque todo el mundo se toma en serio su cometido”

Aquí todo funciona como funciona porque todo el mundo se toma en serio su cometido, ¿no te parece? Trabajo duro, obligaciones, responsabilidad colectiva... Estas actitudes tienen muchos beneficios, pero también un alto coste. Siento mucho haber sido tan dura contigo por tus horarios. Lo cierto es que no tengo ni idea de cuál es la respuesta.

La tía Eileen, que —ni que decir tiene— ha sido encantadora, me está dando la lata para que vuelva a Inglaterra ahora que «mi matrimonio se ha hecho añicos», pero yo no puedo irme de Tokio. Ahora hay palabras que pienso en japonés y de las que no busco la traducción al inglés. Palabras como *teinei*; Tokio te da de un modo tan intenso esa sensación de que todo el mundo vive con cuidado y consideración hacia los demás, y de que todo lo que hagas vale la pena hacerlo adecuadamente... Ayer fui a Shinjuku Gyoen y, naturalmente, con la locura de que los cerezos están a punto de florecer y los guardias tienen que practicar, me registraron las bolsas a la entrada, incluida la botella de agua, que me abrieron y esnifaron oficialmente no fuera a ser que intentara meter un litro de vodka de contrabando. Ahora mismo no estoy segura de si me gusta que nadie se avergüence de darlo todo y hacer las cosas como es debido o si es algo que me vuelve loca. Probablemente, una combinación de ambas. ¿Recuerdas los carteles de fuera, con todas esas cruces? No se permite el alcohol, ni jugar a la pelota, ni los instrumentos musicales, ni los drones, las cometas, los deportes, correr, gritar, subirse a los árboles... De hecho, absolutamente nada. Excepto caminar como sedado mirando a las flores. Me he sentido, durante todo el día, como si esos carteles me estuvieran gritando: hay uno en el puente para peatones de la estación de Oimachi que me decía que no saltara la barrera, algo que nunca se me hubiera pasado por la cabeza hacer, hasta que vi el cartel prohibiéndome que lo hiciera. En el autobús había otro que me pedía que hablase a volumen moderado y llevase preparado el cambio; flechas en la estación de trenes indicándome dónde tengo que colocarme, de pie, a esperar al tren. En Londres también hay carteles, pero (a) la gente los ignora y (b) no tienen tanto que ver con los modales. Hoy me he sentido como si me estuvieran regañando todo el día, como si fuera una niña maleducada que no puede desenvolverse sin estar recibiendo indicaciones continuamente.

Pero luego entré en Shinjuku Gyoen, y fue como si me quitaran un peso de encima; todo el mundo sabía exactamente cómo tenía que comportarse, y así lo hacía. Creo que yo aquí me relajo a un ritmo diferente del resto, no impulsada por una especie de perturbación desconocida, como suele ocurrirme en cualquier otra ciudad. Y es que aunque estés rodeado de gente, hay tiempo y espacio para mirar los antiguos cedros y sicómoros, las azaleas y los cipreses y los koi del estanque, y la hierba, densa como el musgo, en la que te puedes tumbar en absoluta quietud.

¿No sucede siempre eso, que las cosas que amas y las que te vuelven loco están unidas de modo indisoluble, e incluso surgen del mismo lugar?

Iba a decir que, si regreso a Londres, sería más libre, aunque solo de una determinada manera. Echaría de menos esa sensación que transmite Shinjuku Gyoen.

Lunes, 7 de marzo, Tokio, 11:02 horas
De: ikemototsubasa@cybermail.jp Para: annabanana@gmail.com

He estado pensando toda la noche, aunque lo cierto es que no sé a qué conclusión he llegado.

Esta ciudad es una contradicción enorme: siempre bien engrasada para funcionar a la perfección, hasta tal punto que la gente puede sentirse como el engranaje de una máquina, limpio y arreglado en tal medida que uno tiene la sensación de que todo lo natural ha sido erradicado, de que la preocupación por lo colectivo ha terminado haciendo que los individuos se sientan ahogados o invisibles, moviéndose a toda velocidad hasta el punto de que tus sueños se quedan pisoteados sin que nadie mueva una pestaña, bajo amenaza de ser engullidos por una fisura del suelo en cualquier momento.

Pero también es una ciudad llena a rebosar de soñadores que quieren trabajar duro; que quieren que las cosas funcionen bien, que quieren construir cosas bellas para que la gente las ponga en sus casas, compartir las comidas de su niñez o su música favorita en lugares donde pueden reunirse con los demás y ser felices, que desean de corazón que la gente disfrute de la vida aquí y que la ciudad ofrezca su mejor cara. Energía y ambición y esperanza y gozo y esfuerzo. A mí me encanta todo eso, y lo amo tanto como te amo a ti. Bueno, esto no es estrictamente cierto: no como te amo a ti. Está claro que a ti te amo de un modo totalmente diferente del que amo a Tokio.

¿Qué estás haciendo ahora, en este preciso instante? Yo voy a salir de la oficina en el momento en que termine este correo, y voy a ir caminando hasta el cementerio de Aoyama. Quiero respirar el olor de su verdor y tomar buena nota de la gente que ha ido hoy a visitar las tumbas de sus familiares, con sus escobas, velas nuevas y ramos de flores. Voy a buscar aquel banco donde nos sentamos tú y yo, ese día en que recibiste el correo donde te decían que podías quedarte en Tokio una temporada y hacerme así más feliz de lo que yo creí que se podía ser en la vida.

¿Te gustaría venir? Podríamos pasear por la avenida central y planear, esta vez en serio, un modo distinto de hacer las cosas. Podríamos mirar la puesta del sol a través de las ramas de los cerezos que están preparados para florecer y pensar cuánto tiempo tenemos aún por delante para arreglar las cosas.

Vuelve, por favor.

Te estaré esperando.

Cinco itinerarios

Escanea el QR al final de cada ruta para ver el mapa completo en tu teléfono.

1• Tsubasa: un día en Omotesando

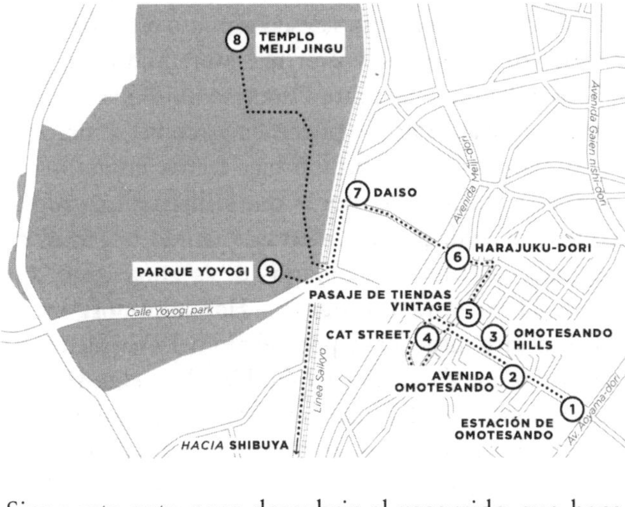

Sigue esta ruta para descubrir el recorrido que hace Tsubasa por Omotesando (p. 44). Puedes ir caminando desde la **estación de Omotesando** hasta el **parque Yoyogi**: es un trayecto relajado de una hora aproximadamente, pero se recomienda combinarlo con una mañana o una tarde tranquila, o quizá un día entero, para dedicar algún tiempo a hacer compras, comer y pararse a observar a la gente.

Saliendo de la estación de **Omotesando** (Salida A-1, para empezar por la parte baja de la calle), se puede subir por la **avenida Omotesando,** llena de vegetación, pararse a tomar un café en una de las cafeterías acristaladas que dan a la calle y sumergirse en la ostentación de las tiendas de diseño y **Omotesando Hills.** Desvíate hacia **Cat Street,** una calle peatonal presidida por la estatua de una mujer desnuda, justo antes de la juguetería **Kiddyland**; puedes echar un vistazo a las tiendas independientes o de marcas (todas ubicadas en edificios muy interesantes desde el punto de vista arquitectónico) y después volver a Omotesando y cruzar por la calle que hay entre Omotesando Hills y Ralph Lauren, Jinsho-dori. Se puede bajar como se muestra en el mapa, en línea recta, o bien tomar un atajo a la altura de Marimekko, por el que se llega a un grupito de **tiendas vintage** muy selectas. Cuando te canses de explorar las calles secundarias de la zona (algo que puede llevar horas), dirígete a **Harajuku-dori,** cruza Meiji-dori y luego pasa por debajo del arco de metal decorado que da acceso a Takeshita-dori, el centro sin restricciones de Harajuku. Al final de Takeshita-dori pasarás por **Daiso,** unos grandes almacenes donde todo tiene el espectacular precio de 100 yenes; sal por debajo del arco y aparecerás en la puerta de la estación de Harajuku. Gira a la izquierda y, cuando llegues al gran cruce de la avenida Omotesando, gira a la derecha para cruzar. Desde ahí puedes ir directamente al apacible bosque del **templo de Meiji-Jingu** o pasar junto a él y llegar al **parque Yoyogi.**

Si después de un día caminando quieres ir hacia **Shibuya** a pasar la tarde o hacer más compras (en un entorno más grande, más moderno, más ruidoso), es fácil llegar andando en línea recta por Meiji-dori o por Cat Street. Sigue por Cat Street hasta el final, donde desemboca en la **avenida Meiji-dori**: ahí verás **Miyashita Park**, un centro comercial que parece un jardín de la era espacial. Gira a la derecha, bajo los puentes que forman el complejo, y luego a la izquierda hacia Jingu-dori, pasando el inmenso edificio de **Tower Records**. Vas directo a la extraordinaria sobrecarga sensorial que ofrece el famoso cruce llamado **Scramble Crossing**.

2• De Daikanyama a Ebisu

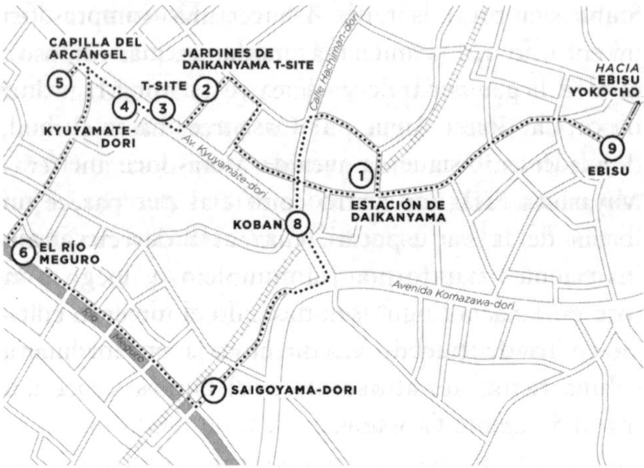

Esta es una versión de la ruta que Tsubasa recomienda por estos tres vecindarios en la pág. 51. Es posible pasar un día entero sin problemas, noche incluida, en esta área, o invertir solo tres o cuatro horas.

Comienza en la **estación de Daikanyama.** Pasa por la salida norte o centro y gira a la izquierda, para subir la cuesta hasta llegar a una bifurcación. Cruza la calle principal y sigue recto por el otro lado, a lo largo de una calle tranquila y llena de vegetación con apartamentos y pequeñas tiendas. En la siguiente bifurcación gira a la derecha y luego toma la segunda a la izquierda, entre una tienda de ropa toda acristalada (a tu izquierda) y una casa típica japonesa reconstruida (a tu derecha) con un gallinero en el balcón (sí, es correcto). Baja por esa calle hasta que veas el cartel de los **jardines de Daikanyama T-Site:** puedes entrar a dar una vuelta y tomar café hasta que te hartes.

Cuando decidas irte (¡si es que no quieres quedarte para siempre!), sal del T-Site a **Kyuyamate-dori**; toma la avenida ancha y cuando llegues al cruce gira a la izquierda, cuesta abajo (si quieres visitar la capilla donde Anna y Tsubasa celebraron su boda «occidental», sigue caminando otros cien metros o así hasta pasar el segundo giro a la derecha, según bajas: tendrás a tu izquierda la **Capilla del Arcángel**). Continúa bajando por Kamimurazaka (es el nombre de la colina, que significa, literalmente, «Hacia la colina del pueblo»), pasa junto a una panadería y una tienda de accesorios para perros y llegas al río. En el río gira a la izquierda, de modo que el río quede a tu derecha. Si es época de floración de los cerezos, puedes dejarte embriagar por las nubes de flores de cerezo y su reflejo en el río, y por los farillos que cuelgan de un árbol a otro. Disfruta del paseo junto al río (el **Meguro-gawa**) y, si te apetece, puedes hacer algunas compras o parar a comer algo en cualquiera de las calles traseras de Nakameguro, hasta llegar a las vías del tren, elevadas. Ahí giras a la izquierda por **Saigoyama-dori**. Continúa por ahí hasta que la calle quede pegada a las vías del tren por la izquierda y desemboque en una calle de doble carril; entonces toma la primera a la izquierda para volver a Kyuyamate-dori por la parte de abajo. Sigue hasta la primera a la derecha (antes de girar encontrarás a tu izquierda un **koban**, un pequeño puesto de policía) y después da la vuelta y continúa en dirección a **Daikanyama**. Cruza por el primer cruce y gira a la derecha donde la enorme escultura verde de flores (no tiene pérdida). Cuando llegues al comienzo de la cuesta, gira a la derecha bajo el puente para peatones y vuelve a pasar junto a la estación.

Puedes terminar aquí tu recorrido o, si prefieres continuar hasta **Ebisu** para tomar algo y cenar, cuando llegues al cruce que hay pasada la estación gira a la izquierda en lugar de a la derecha. Sigue caminando por la parte derecha de la carretera durante unos 700 metros; en el cruce, pasa a la otra acera y sigue caminando en línea recta. Estás prácticamente en Ebisu, y verás un montón de bares, cafés, restaurantes y establecimientos de karaoke. Sigue caminando hasta el próximo cruce y luego gira a la izquierda hacia la estación de Ebisu y el enorme Atre. Atraviesa la estación de Ebisu y sal por el otro lado, por la salida este. Sigue por la calle que tiene el McDonald's en la esquina (dejando el McDonald's a tu derecha) hasta que se cruce con la calle principal: ya estás en Ebisu-dori. Ahí, piérdete, toma algo y disfruta.

3• De Shin-Okubo a Shinjuku

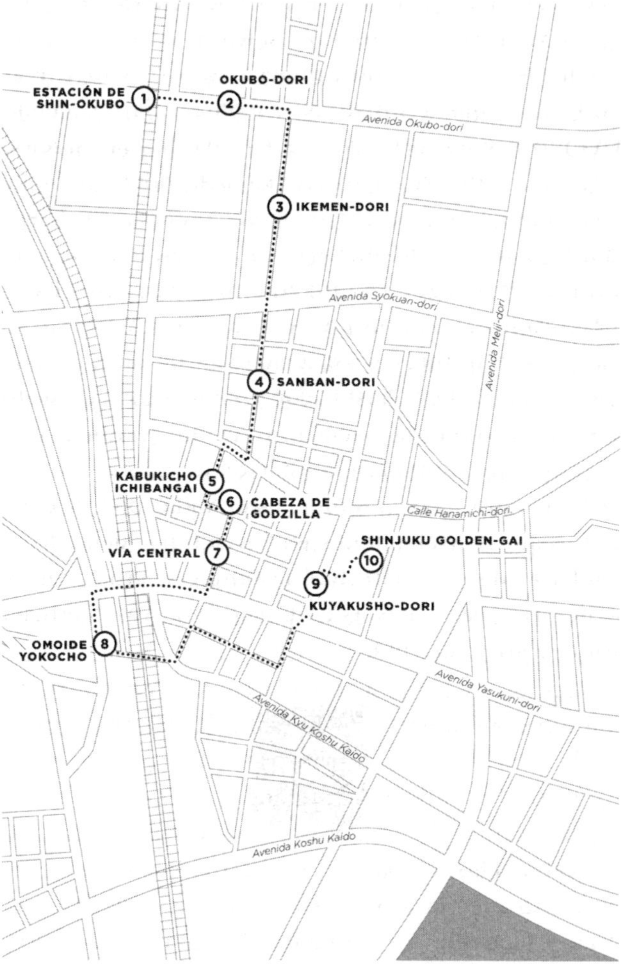

Es la ruta que disfrutan Anna y Tsubasa desde la página 95 hasta la 97. Puedes comenzar en Shin-Okubo por la tarde y continuar en Kabuki-cho al anochecer.

Iniciar la ruta en la **estación de Shin-Okubo**; al salir, gira a la derecha y toma **Okubo-dori**, la calle que pasa bajo el puente del ferrocarril. Sigue avanzando hasta pasar junto a una serie de tiendas, restaurantes cada vez más abarrotados y almacenes de DVD coreanos hasta que, a la derecha, encuentres una calle estrecha, llamada **Ikemen-dori** (que significa, literalmente, «Calle del tío buenorro»), entre dos locales de barbacoa coreanos y frente a otro de karaoke llamado Gron-Po (por este dato no lo vas a localizar, pero de todos modos no pasa desapercibido). Ármate de paciencia porque te llevarán por delante las hordas de fans del k-pop; si vas en fin de semana prepárate para avanzar apenas tres metros a la hora. Sigue andando: pasarás los emporios de la belleza coreana, un montón de cafés para aficionados al k-pop, barbacoas coreanas, bares y moteles para parejas; cruza la calle ancha, Syokuan-dori, y toma la continuación de la calle Ikemen. Estás en **Sanban-dori**, al principio de Kabukicho. En la confluencia de Sanban-dori y Hanamichi-dori, con el Gran Customa (un cibercafé abierto 24 horas) a la derecha, gira a la derecha y luego la primera a la izquierda para bajar por **Kabukicho Ichibangai**. Si quieres ver a Godzilla toma la primera a la izquierda para salir de Kabukicho Ichibangai, y luego gira a la derecha, para entrar en la **Vía Central**. Si te das la vuelta tendrás a **Godzilla** a tu espalda. Continúa por la Vía Central hasta el cruce (te encontrarás entre un Don Quijote y un local de karaoke abierto 24 horas que da la impresión de estar cubierto de rocas de oro), y luego gira a la derecha. Una vez que pases bajo el puente de las vías del tren, tienes **Omoide Yokocho**: es la primera a tu izquierda. Otra cosa que puedes hacer una vez que sales de la Vía Central es girar a la izquierda a la altura del Don Quijote, y luego por la tercera a la izquierda, por **Kuyakusho-dori**. Toma la primera a la derecha para entrar en **Golden Gai**.

Para llegar a Shinjuku Gyoen las mejores estaciones son Shinjuku Sanchome, Shinjuku-Gyoenmae o Sendagaya.

4• Un Tokio no tan moderno

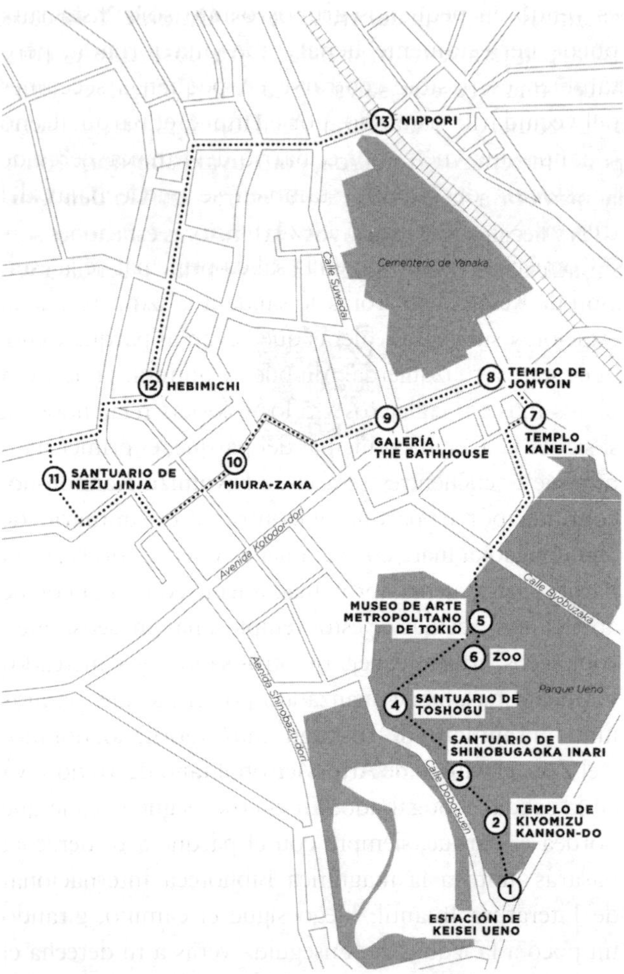

Haz como Anna: dedica un día a pasear por un Tokio distinto: más antiguo, menos imponente. Muchas de las calles de esta zona son pequeñas y residenciales (y tranquilas), así que la mejor manera de disfrutarlas es yendo en pequeños grupos o uno solo. Esta ruta puede perfectamente llenar toda una jornada, pero también es posible centrarse en pequeñas secciones del vecindario visitando, por ejemplo, el parque Ueno o dando una vuelta por el barrio de Yanaka, cerca de la estación de Nippori; también se puede bajar del tren en Nezu e ir hasta Nezu Jinja.

Comienza el recorrido en la salida principal de la **estación de Kesei Ueno.** Toma la salida a la izquierda de la estación y sube las escaleras que llevan al parque Ueno, que estará a tu izquierda. Allí puedes admirar la destreza de los músicos callejeros y a los tokiotas relajándose y, si sigues la avenida principal del parque, el primer templo que te encuentres será el de **Kiyomizu Kannon-do**; continúa por el parque: encontrarás el **santuario de Shinobugaoka Inari**, con su túnel de puertas tori rojas. El parque Ueno cuenta aproximadamente con un millón de atracciones, además de estos templos: hay museos, cafés, zoológicos, artistas callejeros, otros santuarios, mercados y mucho más. Sigue avanzando por el parque: pasarás junto al **santuario de Toshugu** (muy adornado, dorado) y el **Zoo**, el **Museo de Arte Metropolitano de Tokio** y, ya en la salida, el Sogakudo. En el cruce sigue la calle que bordea el parque, siempre con el parque a tu derecha; pasarás junto a la magnífica Biblioteca Internacional de Literatura Infantil; luego sigue el camino, girando un poco a la izquierda. Enseguida verás a tu derecha el imponente templo **Kanei-ji.** Cuando llegues a la bifurcación, donde te encontrarás de frente con el templo de **Jomoyoin**, gira a la izquierda por Kototoi-dori y luego por la primera a la derecha: ahí podrás admirar el bambú y las innumerables estatuas que rodean Jomyoin. Luego toma la tercera a la izquierda, que te lleva a un barrio residencial muy tranquilo. Sigue andando, pasa junto a la galería de arte llamada **SCAI The Bathhouse** (la reconocerás por la torre de agua que hay afuera), a tu izquierda, y sigue la calle que va hacia la derecha primero: después gira por la primera a la izquierda, por una calle con casas, cementerios y templos antiguos. Gira a la izquierda antes del fondo de saco y toma **Miura-zaka.** Sigue por Miura-zaka, desde su tranquilo y modesto comienzo con sus cafés y tiendas, hasta llegar a donde se cruza con una vía principal, muy amplia. Gira a la derecha por Shinobazu-dori. Gira a la izquierda (¡¿cómo llaman a esto izquierda?! Menos mal que tenemos Google Maps... ¡Recordemos los navegadores de otros tiempos!) por una calle estrecha, con un pavimento muy bonito; no tardará en surgir a tu derecha el bello **Nezu Jinja.** Cuando hayas sido iluminado tras la contemplación de las puertas tori, sal del santuario por el otro extremo y gira a la derecha. Allí donde la calle en la que estás (Nezu Uramonzaka) se cruza con la enorme Shinobazu-dori, pasa al otro lado y sigue por la callecita que tienes enfrente, entre dos edificios de apartamentos muy altos y delgados. Sigue la callecita hasta la bifurcación, gira a la izquierda, y luego la primera a la derecha, y otra vez a la izquierda para tomar **Hebimichi** («la calle de la serpiente», así llamada por lo mucho que serpentea, obviamente). Puedes seguir por Hebimichi hasta que se cruce con la calle principal, y ahí lo único que tienes que hacer es un poco de zigzag, primero a la izquierda, y luego la primera a la derecha. Estás en Yomise-dori, una calle con tiendas de barrio. Gira a la derecha para tomar Yanaka Ginza (sabrás que estás allí porque está muy concurrida), y sigue la calle que llega al dandan Yuyake, al fondo. Al subir las escaleras ya es todo en línea recta hasta **Nippori**, que puede ser el final de tu recorrido.

Otra opción es seguir caminando, buscando más templos. O pararte a tomar un té y un dorayaki. Toma todos los desvíos posibles.

5• La primera noche de Anna y Tsubasa

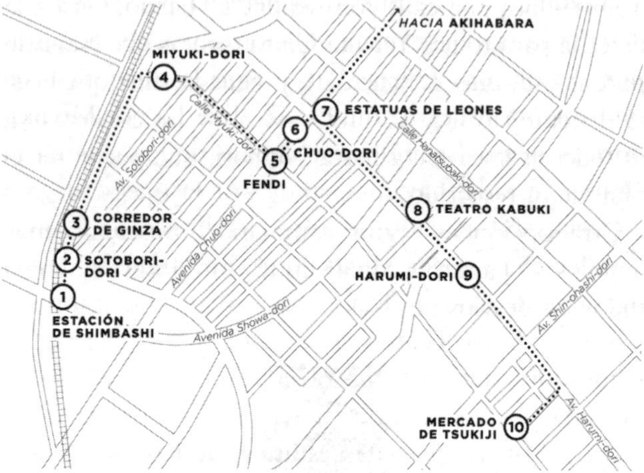

Este recorrido resume los lugares que visitaron Anna y Tsubasa durante su primera noche en Tokio. El recorrido se puede ampliar bajando en Tokyo Station (y pasar, si se quiere, un año entero visitando la estación), y haciendo una visita al Palacio Imperial. Desde ahí hay un breve camino a pie hasta la estación de Shimbashi.

Comenzamos en la salida 5 de la **estación de Shimbashi,** que nos deja en **Sotobori-dori.** Una vez fuera, con la acera frente a nosotros y la calzada a nuestra espalda, nos dirigimos hacia la izquierda y seguimos la calle. Después de pasar bajo el puente del tren, nos desviamos a la izquierda y bajamos por el **Corredor Ginza** (que sigue las vías del tren). Se puede seguir andando, bordeando las vías por la parte de fuera, o bien al llegar a un cruce en el que la calle pasa por debajo del puente del tren, a nuestra izquierda, donde tenemos la opción de girar a la izquierda y después a la derecha para situarnos debajo de las vías, en un callejón cerrado. Seguimos por el Corredor Ginza (Ginza-Korido-dori) hasta la bifurcación, y luego giramos a la derecha por **Miyuki-dori.** Si hemos seguido por debajo de las vías hasta el área cerrada, hay una salida por la que se llega a la misma bifurcación de antes, y ahí se puede girar a la derecha y coger Miyuki-dori. El camino se desvía ligeramente a la derecha; sigue avanzando por ahí hasta el edificio **Fendi** y luego gira a la izquierda por **Chou-dori**, que llega hasta el edificio Sony, con su fachada que recuerda a una rejilla (a nuestra derecha), a Mitsukoshi y las **estatuas de leones** (al otro lado del cruce, a la derecha) y el territorio de depachika. Para ver el **teatro Kabuki** gira a la derecha por **Harumi-dori**: el teatro está justo pasada la estación de Higashi Ginza, a tu izquierda (si sigues bajando por Harumi-dori llegarás al mercado de **Tsukiji**). Aunque en lugar de eso, o quizá después, puedes bajar desde Mitsukoshi por Chuo-dori, dejando Mitsukoshi a tu derecha, y apreciar la configuración de las calles, que parece una cuadrícula, y que te permite desviarte sin perderte. Puedes seguir andando por Chuo-dori durante muchos kilómetros, y al final llegarías a **Akihabara** o incluso más allá, a Ueno.

Algunas cifras para ilustrar

LA CIUDAD MÁS GRANDE DEL MUNDO

En millones de habitantes

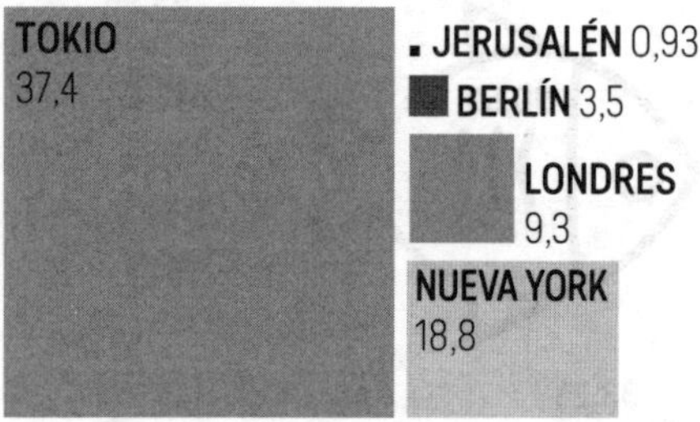

UN LUGAR SEGURO

Tasa de homicidio por 100 000 habitantes

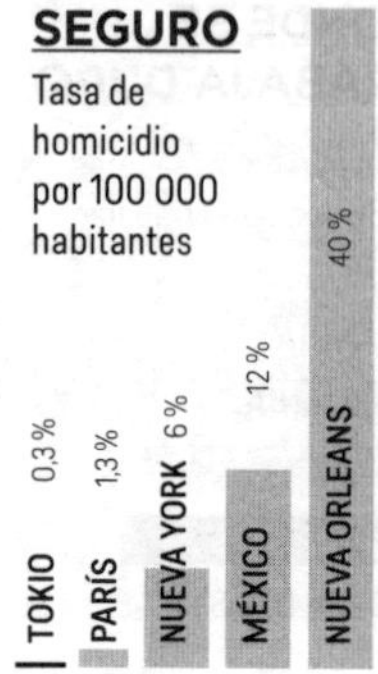

UN NÚMERO LIMITADO DE EXTRANJEROS

% población de nacidos fuera del país

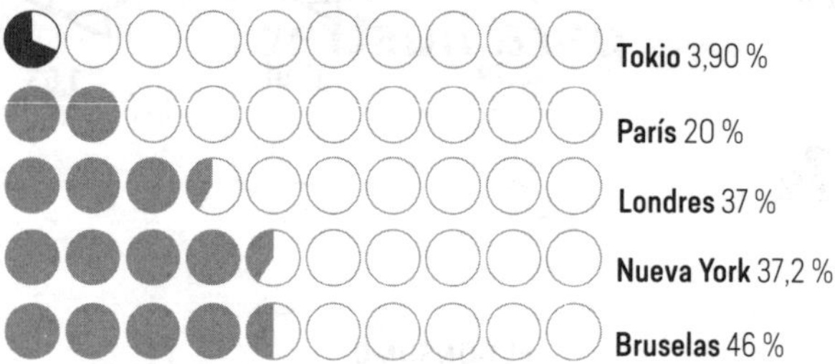

POCOS BEBÉS, VIDA LARGA

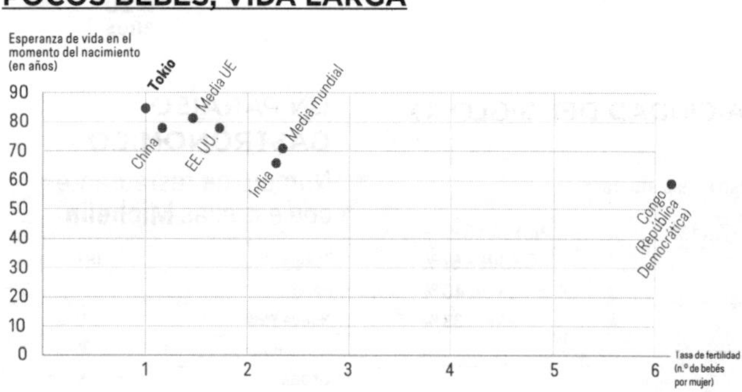

Fuentes : ONU, World Cities Culture Forum, CIA World Factbook, Statistics Japan, Eurostat, OCDE, Ministère de l'Agriculture, de la Pêche et des Forêts, Banque Mondiale, Michelin, Our World in Data, Mairie de Londres, Tokyo Metropolitan Government

UN PAÍS DONDE SE TRABAJA DURO

% de personas mayores de 65 años que trabajan

FRANCIA	3 %
ALEMANIA	8 %
EE. UU.	18 %
JAPÓN	25 %
COREA DEL SUR	36 %

EL MAYOR CONSUMIDOR DE PESCADO ya no es Japón.

Consumo de pescado y marisco per cápita en kg.

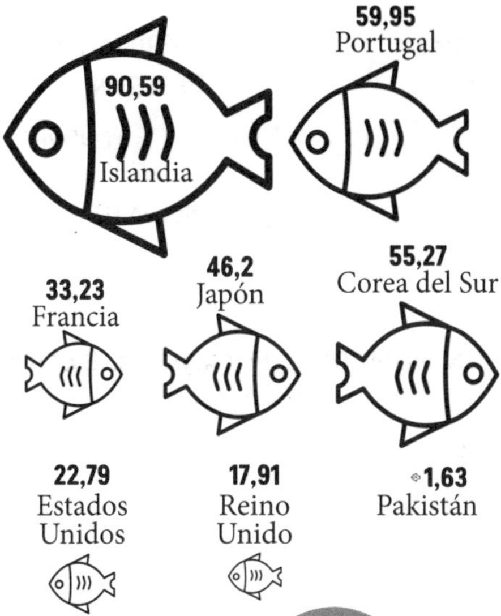

EL CONSUMO HA BAJADO EN

MUCHA GENTE VIVE SOLA

% de hogares constituidos por una sola persona

Francia	41 %
Reino Unido	30 %
EE. UU.	28 %
China	9 %
India	8 %

UNA CIUDAD DEL SIGLO XX

% de casas construidas antes de 1950 (incluso en las afueras)

JAPÓN **1 %**

NUEVA YORK Y LONDRES **57 %**

BERLÍN **40 %**

PARÍS **33 %**

UN PARAÍSO GASTRONÓMICO

Número de restaurantes con estrellas **Michelin**

Tokio	183
París	121
Nueva York	71
Barcelona	31
Lisboa	9

Agradecemos a todos los que participaron
en la producción de este libro.

En especial a ti, querido lector,
porque es contigo que nuestra aventura
adquiere todo su significado.

Te invitamos a conocer nuevos títulos
en nuestra web y redes sociales.